# ИЗБРАНИ СЪЧИНЕНИЯ В ОБЛАСТТА НА БЪЛГАРСКОТО ЧАСТНО ПРАВО

Първо издание

Ясен Николов

2013

Copyright © 2013 Ясен Николов

Всички права запазени.

ISBN: 1493752030
ISBN-13: 978-1493752034

# Съдържание:

Съдържание ................................................................. 3

ПРЕДГОВОР ............................................................... 7

ЗА АВТОРА ................................................................ 8

ЧАСТ I ......................................................................... 9

ПО НЯКОИ ВЪПРОСИ НА ДОГОВОРА ЗА СПОГОДБА – МАТЕРИАЛНОПРАВНИ, ПРОЦЕСУАЛНОПРАВНИ И СРАВНИТЕЛНОПРАВНИ АСПЕКТИ .......................... 9

1. Понятие. .............................................................. 9
2. Видове. ............................................................... 10
3. Елементи на договора. Предмет. ................... 14
4. Спогодбата в класическото римско право. ......... 16
5. Спогодбата в немското право. Съпоставка с уредбата в България. ............................................ 17
6. Характеристика на спогодбата. ...................... 22
7. Действие на договора. ..................................... 28
8. Нищожност и унищожаемост на спогодбата. ...... 30
9. Съдебната спогодба. ........................................ 36
10. Съдебната спогодба в производството по делба. 40
11. Заключение. ..................................................... 43

ЧАСТ II ..................................................................... 46

ПРАКТИЧЕСКИ АСПЕКТИ НА НИЩОЖНИТЕ СДЕЛКИ ПО ЧЛ. 26, АЛ. 2 ЗЗД – ВЪПРОСИ НА СЪДЕБНАТА ПРАКТИКА ......................................... 46

   1. Увод ............................................................................. 46

   2. Нищожност – общи бележки ................................ 49

   3. Нищожност по чл. 26, ал. 2 ЗЗД – общ план ....... 50

   4. Нищожност поради невъзможен предмет ........... 52

   5. Нищожност поради липса на воля и съгласие .... 59

   6. Нищожност поради липса на форма .................... 71

   7. Нищожност поради липса на основание ............. 74

   8. Заключение и изводи .............................................. 79

ЧАСТ III ............................................................................... 82

СТОПАНСКАТА НЕПОНОСИМОСТ ............................ 82

   1. Въведение и исторически бележки ...................... 82

   2. Същност, конститутивни белези, фактически състав и ред за упражняване. ........................................ 87

      2.1. Същност. ............................................................ 87

      2.2. Наличие на двустранен договор. .................... 92

      2.3. Непосредствени и опосредени цели на страните. .................................................................... 94

      2.4. Еквивалентност на престациите. .................... 95

      2.5. *Стопанска* непоносимост. ................................ 96

2.6. Приложимост при дългосрочните договори – със задължения за трайно или еднократно изпълнение...................................................99

2.7. Приложимост и в гражданскоправните отношения........................................................100

3. Промени на първоначалните обстоятелства. .......103

3.1. Промените да не са причинени от страните..103

3.2. Промените да са извън сферата на влияние на страните. ...................................................104

3.3. Промените да следват сключването на договора и да предхождат неговото изпълнение. ................106

3.4. Обективен характер на промените. .................108

4. Възможност на изпълнението. Отлика от непреодолимата сила и случайното събитие. ..........108

5. Непредвиденост и непредвидимост на изменението. .....................................................................................110

6. Критериите на справедливостта и добросъвестността. ..................................................111

6.1. Противоречие със справедливостта. .............113

6.2. Противоречие с добросъвестността. .............116

7. Ред за упражняване........................................119

8. Заключение....................................................121

ЧАСТ IV ....................................................................124

НЕПРЕОДОЛИМАТА СИЛА ........................................124

1. Понятие и приложно поле. .........................124

2. Определение. ....................................................... 133

3. Vis major в римското право. ............................. 134

4. Непреодолимата сила в сравнителноправен аспект. ...................................................................... 136

   4.1. Невъзможността за изпълнение в Soft law. ... 136

5. Същност на непреодолимата сила. ..................... 145

   5.1. Характеристика на обстоятелството – непреодолима сила ............................................... 145

   5.2. Извънреден характер и непредотвратимост на последиците. .......................................................... 160

   5.3. Непредвидимост на обстоятелството. ............ 163

   5.4. Алтернативност или кумулативност на непредвидеността и непредотвратимостта? ......... 166

6. Допълнителни изисквания .................................. 170

   6.1. Задължение за уведомяване. .......................... 170

7. Последици от непреодолимата сила ................... 172

8. Заключение. .......................................................... 175

БИБЛИОГРАФИЯ ....................................................... 178

# ПРЕДГОВОР

Трудът обхваща избрани съчинения, които съм писал през последните няколко години. Разгледаната материя е разнородна, но е все в полето на частното право.

Работата е систематизирана в четири части, в които са разпределени материите на договора за спогодба, нищожността по чл. 26, ал. 2 от Закона за задълженията и договорите, стопанската непоносимост и непреодолимата сила.

Искрено се надявам книгата да бъде полезна за теоретиците и практикуващите юристи, за студентите, както и за всички, проявяващи интерес към българското частно право. Тя има и особена насоченост към занимаващите се със сравнително-правни изследвания.

Специална благодарност бих искал да изкажа към проф. д-р Огнян Герджиков относно бележките му в частите за стопанската непоносимост и непреодолимата сила.

Бих искал да благодаря на Мартин Бъбаров и на Ива Ганчева за техните бележки, както и за цялостната им подкрепа, неоценима помощ и насърчаване за това да пиша в областта на правото.

Благодарен съм и на семейството ми, без което тази книга изобщо нямаше да види бял свят.

## ЗА АВТОРА

 Ясен Николов е автор на статиите: „Някои практически аспекти на нищожните сделки по чл. 26, ал. 2 ЗЗД – въпроси на съдебната практика" - списание „Общество и право", брой 4 от 2013 г; „Непреодолимата сила" - списание „Търговско и конкурентно право", брой 7 от 2012 г. – приложение (рецензент: проф. д-р Огнян Герджиков); „Договорът за спогодба" – материалноправни, процесуалноправни и сравнителноправни аспекти" - списание „Общество и право", брой 2 от 2012 г; „Стопанската непоносимост" - списание „Търговско и конкурентно право", брой 9 от 2011 г. – приложение (рецензент: проф. д-р Огнян Герджиков); „Новите възможности пред физическите и юридическите лица за оспорване на актове на Европейския съюз" - списание „Общество и право", брой 10 от 2010 г. (в съавторство).

# ЧАСТ I

# ПО НЯКОИ ВЪПРОСИ НА ДОГОВОРА ЗА СПОГОДБА – МАТЕРИАЛНОПРАВНИ, ПРОЦЕСУАЛНОПРАВНИ И СРАВНИТЕЛНОПРАВНИ АСПЕКТИ

**1. Понятие.**

Уредбата на договора за спогодба, в едно от значенията си, се намира в чл. 365 – 367 от Закона за задълженията и договорите (ЗЗД). Същевременно в правната литература[1] се отбелязва, че терминът спогодба се използва и като понятие на международното право. Освен това тя означава и постигнатото между страните споразумение в процедурата по медиация[2]. Настоящето изложение обаче има за задача да се съсредоточи предимно върху първото значение, а именно като институт на българското облигационно право, уреден в ЗЗД. В този смисъл законът го определя като договор, чрез

---

[1] Ставру, С. Договор за спогодба. - Пазар и право, 2005, № 8, приложение „юридически фиш", цит. от информационна система на ИК „Труд и право": ЕПИ.

[2] Вж. Марков, М. Договор за спогодба - характеристика и отграничения. – Търговско и конкурентно право, 2009, № 6, с. 19.

който страните прекратяват един съществуващ спор[3] или избягват един възможен спор, като си правят взаимни отстъпки. Това указва на факта, че, (1) на първо място, спорното положение може да е бъдещо. На второ място, (2) спорът може да се урежда със спогодба и когато е настоящ, включително след като е внесен за разглеждане от съд или арбитраж. Съдебната спогодба, от своя страна, се определя в литературата като потвърден от съда договор между страните по висящо дело, с който те чрез взаимни отстъпки уреждат със сила на пресъдено нещо изцяло или отчасти правния спор, като десезират съда и слагат край на делото в рамките на постигнатото съглашение.

## 2. Видове.

Едно от основните деления на спогодбата е в зависимост от това дали договорът се потвърждава от съда или не, а именно – на извънсъдебна (извънарбитражна) и съдебна (арбитражна). Затова втората основна задача на настоящата статия е да разгледа тъкмо инсти-

---

[3] Използваният изказ в закона не е достатъчно точен. От езиковото тълкуване излиза, че щом страните прекратяват един правен спор, то той трябва да бъде напълно прекратен, т.е. със сключването на спогодбата той вече да не съществува. Това не е вярно. Страните могат да прекратят не само изцяло, но и отчасти, правния спор, чрез договор за спогодба. Това че спорът продължава да е налице не означава, че договорът, който представлява стъпка към преодоляването на спорното положение, не е спогодба, щом, макар и частично, е разрешил правния спор между страните.

тута на съдебната спогодба, като се обърне специално внимание на спогодбата, постигната в производството по делба. Решението да бъдат разгледани съдебната и извънсъдебната спогодба заедно е продиктувано от факта, че, както ще се види по-нататък, първият елемент на фактическия състав на съдебната спогодба е споразумението на страните, носещо белезите тъкмо на договора за спогодба по смисъла на чл. 365 – 367 ЗЗД. С други думи, изследването на съдебната спогодба предполага знание за гражданскоправния договор.

В правната литература обект на внимание е предимно съдебната спогодба. Все пак има голяма близост между последната, от една страна, и извънсъдебната, от друга, както ще бъде установено в хода на изложението. На първо място, в съдебната практика и в правната литература, е почти общоприето, че и двете отговарят на характеристиката на двустранен договор[4]. Те могат, в този смисъл, да бъдат развалени, поради неизпълнение на поетите с тях задължения. Съществува обаче и друго разбиране, намерило място в правната литература и в някои съдебни решения, а именно, че договорът за спо-

---

[4] Ставру, С. Цит съч. Също и Сталев, Ж., А. Мингова, В. Попова, Р. Иванова. Българско гражданско процесуално право. С.: Сиела, 2004 г., с. 477. Двустранният характер на договора се застъпва и в Постановление № 7/1973 г., Пленум на ВС; определение 871-1991-I г.о.; р. 2866-1983-I г.о.; р. 729-1985-II г.о. В цитираните решения, както и в посочения учебник, се приема декларативно това разрешение, поради което не са посочени аргументи, застъпващи и възможността за многостранен характер на спогодбата.

годба е един многостранен договор[5], а ако се възприеме то, означава да се отрече и възможността договорът да бъде развален поради неизпълнение (чл. 87-88 ЗЗД). Двете позиции не си противоречат, а се допълват. Ще видим, че наистина той може да има многостранен характер в определени случаи.

Някои автори разглеждат като трета категория и т.нар следсъдебна или постсъдебна спогодба, при която страните по нея са недоволни от решението на съда и правният спор помежду им продължава да е налице[6]. Приема се, че тогава те биха могли да се възползват от договорната свобода и да преуредят спорните правоотношения между тях, доколкото не излизат извън границите на закона и на добрите нрави (чл. 9 ЗЗД). Това мнение следва да бъде коригирано. Вярно е, че страните винаги могат да преуредят съществуващите помежду им правни отношения по всяко време. Но е неточно да се твърди, че правният спор между тях продължава да съществува и след влизането в сила на съдебното решение. Ролята на силата на пресъдено нещо е тъкмо да направи спорното безспорно и да замени състоянието

---

[5] Вж. в този смисъл Марков, М. Договор за спогодба ..., 20-21. Разбирането, че договорът за спогодба може да бъде и многостранен, освен двустранен, е намерило място и в р. 106-1987-ОСГК.

[6] Така Ставру, С. Цит. съч. Но самото приложение на следсъдебната спогодба е спорно и до известна степен – проблематично. Още в римското право е имало стремеж да бъде ограничено сключването на спогодби в тази хипотеза.

на правен спор с такова на правен мир. В тази връзка трябва да се постави въпросът и дали договорът за следсъдебна спогодба няма да бъде нищожен поради липса на правен спор, който вече е решен със сила на пресъдено нещо[7]. Както правилно се посочва в литературата, една от важните последици на съдебната спогодба е породеното взаимно задължение на страните да не подновяват правния спор, а да се съобразяват в бъдеще с установеното в спогодбата правно положение[8]. От друга страна, следсъдебната спогодба се разглежда в сравнително-правен аспект като подвид на извънсъдебните спогодби (out-of-court settlements), но в различна от посочената от цитирания автор конотация, а именно в хипотезата, когато съдебният процес се прекратява още преди да има одобрение на спогодбата от съда, за да могат страните да уредят отношенията си извънсъдебно[9].

---

[7] В римското право спогодба (transactio) по спор, който е вече решен със съдебно решение не е била допустима. Позволявало се е изключение от това положение (и то в по-късното римско право), само когато съдебното решение е било обжалвано – вж. Berger, A. Encyclopedic Dictionary of Roman law, band 43, Philadelphia: The American Philosophical Society, 1991, p. 740.

[8] Така Сталев, Ж. Сила на пресъдено нещо в гражданския процес, С.: Сиела, 2007, 126-127.

[9] Вж. в този смисъл Rosen, R. (Ed.) Settlement Agreements in Commercial Disputes: Negotiating, Drafting & Enforcement. USA: Aspen Publishers, 2006.

### 3. Елементи на договора. Предмет.

Предпоставка за изясняване същността на спогодбата е знанието относно правния спор. Той може да се определи като обективно проявено в действителността несъвпадане на правните твърдения на насрещните субекти по едно правоотношение, проявяващо се като неоснователно оспорване на право, което съществува, или като неоснователно претендиране на право, което не съществува[10]. Някои автори определят спора като ситуация, при която е налице разминаване в твърденията и позициите на две или повече лица, а правен е всеки спор за права[11].

---

[10] Вж. Сталев, Ж. Сила на пресъдено..., 116-117. Авторът определя правния спор като *противоречие в твърденията на лицата, заинтересувани от известно правоотношение, относно съществуването, принадлежността или съдържанието на това правоотношение и предизвиканото от това противоречие несъвпадане на тяхното поведение*. Това определение следва да бъде подкрепено, защото точно отразява спецификите на обективната и субективната страна на правния спор. Всестранното изясняване на понятието за правен спор е необходимо и с оглед отговора на въпроса дали разрешаването му по необходимост включва преодоляването и на неговата субективна страна. Очевидно субективното несъгласие на страните със съдебното решение е правно ирелевантно. Дори и обективно да е проявено, то няма да представлява нито неоснователно оспорване на право, което съществува, нито неоснователно претендиране на право, което не съществува.

[11] Вж. Ставру, С. Цит съч.

В литературата съществуват две виждания за предмета на договора за спогодба. Според първото, предмет на договора са отстъпките, които представляват пълен или частичен отказ от спорни права или поемане на задължения[12]. Според другото разбиране предметът на договора за спогодба е или един съществуващ, или възможен, бъдещ спор[13]. Второто разбиране следва да бъде споделено. Предметът на всяко гражданско правоотношение е онова, към което се стремят страните по него[14]. Именно тяхното желание да изгладят противоречията помежду си – да разрешат един настоящ или да предотвратят един бъдещ спор, е правната промяна, която те желаят. Взаимните отстъпки, които правят те, са средството или „цената" за постигането на крайната цел – избягването на негативните последици на един наличен или евентуален спор[15]. Всъщност отстъпките

---

[12] Така Марков, М. Облигационно право. Modus studendi, С.: Сиби, 2010, с. 352. Това мнение не може да бъде споделено. Самият Марков, М. в статията Договор за спогодба..., 20-22, посочва, че „отстъпките са средството" за постигането на желаната от тях цел. Именно решаването на спора или уреждането на един бъдещ спор е онова, към което се стремят страните по договора за спогодба, използвайки „средството" на взаимните отстъпки. Пак там авторът посочва, че състоянието на безспорност „е благото, което всяка страна получава от договора".

[13] В този смисъл Ставру, С. Цит съч.

[14] Според А. Калайджиев. Облигационно право. Обща част. С.: Сиби, 2007, с. 32, предметът на гражданското правоотношение е благото, с оглед на което носителят на субективното право може да го упражнява.

[15] Така Сталев, Ж. Сила на пресъдено..., с. 125.

не представляват отказ от права, а отказ от първоначални твърдения, които се правят, за да се достигне до общоприемливо решение на правния спор[16].

### 4. Спогодбата в класическото римско право.

В римското право спогодбата е била наричана transactio[17] и представлявала ненаименуван договор, по силата на който две лица решавали съществуващ между тях спор чрез взаимни отстъпки. Още тогава било характерно за спогодбата, че нямала само установително действие, а чрез нея можело да се създават и погасяват права и задължения, както и да се прехвърля собственост[18]. По времето на Юстиниан спогодбата (transactio) и други ненаименовани съглашения, като замяната (permutatio), били широко разпространени и затова разполагали със самостоятелни наименования. Но никой от тези договори не бил до такава степен индивидуализиран, че да се създаде специална акция (actio) за тях. Акциите praescriptis verbis се използвали в такива случаи[19].

---

[16] Така Сталев, Ж., А. Мингова, В. Попова, Р. Иванова. Българско..., с. 477, където отстъпката се определя като частичен отказ от първоначалното правно твърдение на страната.

[17] Етимологически "transactio" произхожда от глагола "transigo", който означава завършвам, приключвам, уреждам, заключавам, изпълнявам – в подобен смисъл вж. Berger A. Op. cit., p. 740.

[18] Вж. Андреев, М. Римско частно право. С., 1975, с. 378.

[19] В този смисъл Zimmermann, R. The law of obligations: Roman Foundations of the Civilian Tradition: Oxford University Press, 1996, p. 536.

Страните правили взаимните си отстъпки, като ищецът се отказвал от своята акция, а длъжникът признавал своя дълг, плащайки го веднага или обещавайки да го плати в бъдещето, най-често чрез стипулация[20].

## 5. Спогодбата в немското право. Съпоставка с уредбата в България.

Уредбата на спогодбата в Германия наподобява българската и е необходимо да бъде изследвана с оглед на някои предложения de lege ferenda. Дефиницията на договора за спогодба е легално закрепена в BGB и може да се изведе от разпоредбата на § 779, ал. I BGB: „Договор, с който страните по едно правоотношение разрешават спора и несигурността по това правоотношение чрез взаимни отстъпки (спогодба)…"[21]. Следователно и тук спорещите страни по едно правоотношение могат да разрешат спора (или несигурността) по едно правоотношение с помощта на един частноправен договор. Редакцията на текста сякаш указва на това, че спорът е съществуващ, а не възможен, бъдещ, каквато алтернатива дава българският закон. Всъщност съществуващата разлика е само привидна, защото немският закон употребява термина "Ungewissheit", който означава не-

---

[20] Berger, A. Op. cit., p.740.

[21] Оригиналният текст на дефиницията, залегнала в първата алинея на параграф 779 BGB гласи следното: „Ein Vertrag, durch den der Streit oder die Ungewissheit der Parteien über ein Rechtsverhältnis im Wege gegenseitigen Nachgebens beseitigt wird (Vergleich)…"

сигурност, неопределеност. Това състояние на несигурност обхваща в себе си и опасността от един възможен спор, респ. стига се до избягването му чрез сключване на договор за спогодба, за което говори чл. 365 от българския ЗЗД. Това може да е несигурност относно реализацията на дадена претенция или относно настъпването на едно условие[22]. Прави впечатление липсата на квалификацията „правен" по отношение на спора, респ. несигурността. Това навежда на заключението, че те могат да се отнасят както до фактите, така и до правото[23]. Текстът дава определение на материалноправните измерения на договора за спогодба, доколкото последните могат да послужат като основа при сключването на една съдебна спогодба.

По-нататък § 779 BGB продължава в смисъл, че договорът за спогодба е недействителен, ако фактическата обстановка, която е послужила като основа за сключването му, според съдържанието на договора, не отговаря на действителността, от една страна, и, от друга – спорът или несигурността е нямало да възникнат, ако фактите са били известни. Има се предвид, че страните е нямало да сключат договора за спогодба, ако не са били в грешка относно фактите. Видно е, че тук се изисква да са налице два кумулативно дадени елемента. Не е достатъчен простият факт съдържанието на дого-

---

[22] Така Palandt, O. Bürgerliches Gesetzbuch, Bd. 7, 65. Aufl., München: C.H.Beck, 2006, s. 1162.
[23] Ibidem, s. 1162.

вора да не съответства на действителното правно положение. Необходимо е също и страните да са в грешка относно това правно положение, т.е. спорът или несигурността да са се породили поради тази грешка. Очевидно тук правната система намира баланса между справедливостта и т.нар. rigor iuris, твърдостта на закона, неговата непоклатимост[24]. Несправедливо е ако поради незнание страните сключат една спогодба, която не биха сключили, ако им е било известно действителното положение на нещата.

В България не е възможно съдът да откаже потвърждението на една съдебна спогодба под предлог, че тя не отговаря на действителното положение на нещата[25]. Нещо повече – съдът изобщо не проверява дали прогласеното със съдебната спогодба съвпада с действителното правно положение. Щом като страните по спора имат действителна, сериозна и неопорочена воля за обвързване, съдът е длъжен да я потвърди, без да разрешава някакъв правен спор относно валидността на съдебната спогодба. Но волята за обвързване би била опорочена, когато страната не би сключила договора, ако знаеше действителното положение на нещата, тъй като тя би била в грешка по смисъла на чл. 28 ЗЗД. Така възниква въпросът, когато сключват извънсъдебна или

---

[24] Така Zimmermann R. Roman law, contemporary law, European law: the civilian tradition today. New York: Oxford University Press, 2001, p. 81.
[25] Така Сталев, Ж., А. Мингова, В. Попова, Р. Иванова. Българско..., с. 480.

съдебна спогодба, щом като, от една страна, е имало съществуващ спор или е била налице опасност от възможен спор, а от друга – сключен договор, прекратяващ, респ. избягващ спора, страните обвързани ли са от този договор, макар и спорът да е мнимо възникнал? Такава ли е била идеята на законодателя, уреждайки тази материя?

Необходимо е по тълкувателен път да се избегне евентуално накърняване на интересите на страните по договора в тази насока. Както вече отбелязахме, предметът на договора за спогодба е спорът. Що се отнася до извънсъдебната спогодба, щом е налице грешка, която се отнася до съществени качества на спора или когато спогодбата е сключена въз основа на признати за лъжовни документи, договорът ще бъде унищожаем на основание чл. 28, ал. 1 ЗЗД във връзка с чл. 367 ЗЗД. В последния текст е уредена конкретна хипотеза на унищожаемост на договора за спогодба при грешка или измама – спогодбата е унищожаема, ако е „сключена въз основа на документи, които по-късно са били признати за лъжовни".

Какво е положението при съдебната спогодба у нас? Съдебната спогодба има значението на влязло в сила решение и не подлежи на обжалване от по-горен съд – чл. 234, ал. 3 ГПК. Тя се ползва със сила на пресъдено нещо, каквато би имало и решението по делото, ако то не беше приключило със спогодба. Държавноправните последици на силата на пресъдено нещо целят да укрепят облигационното действие на спогодбата и да я стабилизират като акт, слагащ край на делото. Тя се превръща в съдебно изпълнително основание. Но, както ще видим по-нататък, договорът за спогодба е основният елемент от сложния фактически състав на съдебната спогодба. И щом той е унищожаем, в случая поради грешка в предмета, опорочен ще е и потвърдителният акт на съда. Последният не може да заздрави един унищожаем или нищожен договор за спогодба, тъй като е само едно conditio iuris, условие на правото, за да са породят правните последици на спогодбата, а не е юридически факт – източник на тези правни последици[26].

Необходимо е, в името на защитата на частноправните субекти, de lege ferenda да се предвиди изрично обезсилване на действието на спогодбата, ако фактическата обстановка не съответства на действителността, щом като действителното правно положение е от такова значение за сключването на договора, че страните не биха го сключили, ако то им е било известно. Дори споделеното по-горе тълкуване в посока на прилагане на общите правила за унищожаемост поради грешка – чл. 28 ЗЗД, не е безспорно в литературата. Някои автори споделят разбирането, че при съдебната спогодба правилото на чл. 367 ЗЗД изключва общия ред за унищожа-

---

[26] В подкрепа на разбирането, че съдът не може да заздрави порочната съдебна спогодба, е Постановление № 7 от 28.11.1973 г. на Пленума на ВС, с което се отменя разрешението, възприето в р. 112-1967-ОСГК.

емост и го ограничава само до предвиденото в него[27]. Това разбиране не е справедливо и изключва множество възможни хипотези на опорочена поради грешка воля на страните, което ще накърни техните интереси, тъй като те няма да могат да се защитят.

### 6. Характеристика на спогодбата.

Съществуват различни разбирания за това дали договорът за спогодба е двустранен или многостранен. От една страна, законът използва термина „страни", който е присъщ на двустранните договори. Страните в един договор са винаги две. При многостранните договори не само доктрината, но и законът избягва употребата на думата „страни". При договора за гражданско дружество например се използва понятието „съдружници". В подкрепа на двустранния характер е и фактът, че страните се задължават да правят отстъпки, които са взаимни[28], насочени са една към друга. Самото значение на думата „взаимен" означава „който ... се разменя между две страни"[29]. Известно е, че за двустранните

---

[27] Така Сталев, Ж., А. Мингова, В. Попова, Р. Иванова. Българско..., с. 487.

[28] В § 779 I BGB, където е определението на спогодбата в немското право, се използва терминът „gegenseitig", който също означава взаимен, реципрочен, засягащ и двете страни. Освен това там се говори за страни по едно правоотношение, а не за страни по правен спор.

[29] В този смисъл Буров, Ст. и колектив – Съвременен тълковен речник на българския език. Велико Търново: Габеров, с. 79.

договори е характерно, че пораждат задължения и за двете страни по правоотношението[30]. Вярно е, че не винаги една отстъпка се изразява в поемане на задължение. Но въпреки това винаги всяка страна поема задължение за самото извършване на отстъпката спрямо другата страна. Съдебната практика също широко застъпва разбирането, че договорът за спогодба има двустранен характер[31] Друго е положението при многостранните договори. Те включват две или повече взаимно свързани или еднакви по съдържание волеизявления, които са насочени към постигане на обща цел. Може да се каже, че волеизявленията са паралелни, а не насрещни, както при двустранните договори. Както вече се отбеляза, многостранните договори нямат две „страни", а двама или повече „участници".

От друга страна, се застъпва виждането, че е възможно уреждането на спор чрез спогодба между три и повече лица с различни интереси, които преследват обща цел – да уредят един съществуващ или възможен бъдещ спор между тях[32]. В р. 106-87-ОСГК се приема, че „спогодбата е двустранен или многостранен договор…". Употребата на термина „страни" в чл. 365 и сл. ЗЗД не е в противовес с възможността договорът да е

---

[30] Чл. 3 от отменения ЗЗД е определял двустранния договор по следния начин: „Договорът е двустранен, когато договарящите се взаимно се задължават едни към други".

[31] Така напр. Постановление № 7/1973 г., Пленум на ВС; определение 871-1991-I г.о.; р. 2866-1983-I г.о.; р. 729-1985-II г.о.

[32] Така Марков, М. Договор за спогодба …, с. 20.

многостранен, тъй като това са страни по един правен спор[33], а не страни по облигационното отношение.

И двете разбирания съдържат рационален елемент. Всъщност те не си противоречат едно на друго. Считам, че договорът за спогодба е по принцип двустранен, но в определени случаи може да има многостранен характер. Разбира се, когато последната хипотеза е налице, ще бъде изключена възможността да бъде развален договорът поради неизпълнение, по реда на чл. 87-88 ЗЗД. Тази последица може обаче да се преодолее, ако de lege ferenda се предвиди изрично възможността изправната страна[34] по правния спор да развали договора, независимо от факта, че той е с многостранен характер, в случай на неизпълнение на задължение на някой от участниците в договора. В подкрепа на застъпваната теза, р. 106-87-ОСГК указва на възможността, че договорът за спогодба е „двустранен *или* многостранен договор". Тъкмо алтернативността е това, което характеризира спогодбата, а именно – двустранният характер е принципът, а многостранният – изключението. Една практическа хипотеза на многостранен договор за спогодба е при договора за делба[35].

---

[33] Пак там, с. 21.

[34] Тук използвам термина „страна" в конотацията му страна по правния спор, а не като страна по договора, който, както вече се посочи, може да има многостранен характер.

[35] Ставру, С. Цит. съч. сочи като пример за многостранна спогодба такава, по силата на която наемодател цедира част от вземането си за наемната цена на трето лице, претендиращо да е собственик на

В правната литература и съдебната практика не се поставя под въпрос възмездният характер на договора за спогодба, тъй като е налице еквивалентно имуществено разместване. Страните са тези, които определят при каква ситуация и дали насрещните престации имат еквивалентен характер. В случая на спогодбата и двете страни си правят взаимни отстъпки, за да се прекрати или предотврати един правен спор. С факта на правене на отстъпки, срещу насрещни такива, се стига до състояние на безспорност – това, което страните целят. Възмездният характер на договора за спогодба може да обоснове прилагането по аналогия на някои от правилата за други възмездни договори, като например продажбата, но трябва да се прецени внимателно дали е допустима аналогията, като се изследва конкретната фактическа обстановка.

Спогодбата е консенсуален договор[36] и се изисква само съгласие, за да породи тя действие. Договорите са по принцип консенсуални, освен ако законът или страните предвиждат друго[37]. А в закона не е предвиде-

---

отдадената под наем вещ, а това трето лице се задължава да осигурява необезпокояваното ползване на вещта от наемателя. Това мнение не може да бъде споделено. Волеизявленията, които са дадени за пример от автора нямат еднакво или близко съдържание, нито са взаимно свързани по начин, който да доведе до заключението, че е налице многостранен договор. Вж. повече за многостранните договори в Павлова, М. Гражданско право – обща част. С.: Софи-Р, 2002, с. 461.

[36] Вж. р. 657-1992-I г.о.

[37] Така Калайджиев, А. Цит. съч, с. 119.

но извършването на някакво действие, включително предаването на вещ, като елемент от фактическия състав на сключването на договора. Това е така и когато например отстъпката предполага предаването на някаква вещ. Последното ще представлява изпълнение на задължение по вече сключената спогодба.

Договорът за спогодба е по принцип неформален договор, тъй като законът не поставя никакви изисквания за форма в общите правила. Но извънсъдебното споразумение с кредиторите на длъжник в производство по несъстоятелност, което се определя като особен вид договор за спогодба, следва да бъде сключено в писмена форма за действителност – чл. 740, ал. 3 ТЗ[38].

С взаимните отстъпки могат да се създадат, да се изменят или да се погасят и правоотношения, които не са били предмет на спора – чл. 365, ал. 2 ЗЗД. Например в едно производство за делба това означава, че със спогодбата страните могат да разрешат въпроси за собствеността на вещи, на които не е била поискана делба. В такъв случай прехвърлянето на тези права се извършва в определената за това форма. Когато за тези действия е необходимо, по силата на закона, да бъдат извършени в специална форма, съдебната спогодба сама по себе си не може да произведе правно действие. Необходимо е

---

[38] Вж. повече за извънсъдебното споразумение по чл. 740 и сл. ТЗ и неговото характеризиране като особен вид договор за спогодба в Стефанов, Г. Търговска несъстоятелност, В. Търново: Абагар, 2009, 256-271.

тя да бъде последвана от сключване на акт в определената от закона форма, за да настъпи създаването, изменението или погасяването на правоотношенията, които не са били предмет на спора. В този смисъл, ако например предмет на едно делбено дело са били съсобствени движими вещи и страните приключат делото със спогодба, по силата на която уредят взаимните си отношения както във връзка с тях, така и във връзка с техен съсобствен недвижим имот, който не е бил предмет на делбеното производство, съдебната спогодба има действие по отношение на движимите вещи, а не и по отношение на недвижимия имот. Това е така, защото този недвижим имот не е бил включен в делбената фаза, както и защото за създаване, изменение или погасяване на вещни права върху недвижими имоти следва да се спазва предписаната в чл. 18 ЗЗД нотариална форма. В тези случаи, когато самата спогодба се сключва в писмена форма, тя може да представлява предварителен договор по смисъла на чл. 19 ЗЗД, който ще може да бъде обявен за окончателен по реда на чл. 19, ал. 3 ЗЗД, щом са спазени изискванията на закона.

По аргумент за противното от правилото на чл. 365, ал. 2 ЗЗД може да се направи изводът, че когато се касае за правоотношения, които са били предмет на спора, прехвърлянето на правата се извършва по силата на самата спогодба, макар че за подобно прехвърляне в други случаи се изисква от закона специална форма.

Тези изводи се отнасят както за съдебната, така и за извънсъдебната спогодба[39].

Договорът за спогодба е комутативен, тъй като всяка от страните знае точно какви отстъпки прави и в какво се изразяват те. Разбира се, не съществува и забрана те да уговорят алеаторност на някоя отстъпка[40].

## 7. Действие на договора.

Спогодбата по чл. 365 ЗЗД е договор, с който страните прекратяват един съществуващ спор или избягват един възможен спор, като си правят взаимни отстъпки. Наличието на спор, независимо дали е настоящ или бъдещ, е conditio sine qua non за съществуването на спогодбата. Може да се каже, че разрешаването на съществуващ или бъдещ спор е основанието на спогодба-

---

[39] Ставру, С. Цит съч. приема, че чл. 365, ал. 2 ЗЗД намира приложение само и единствено при съдебната спогодба, но не и при извънсъдебната и „следсъдебната", защото единствено при съдебна спогодба може да се направи разграничение между правоотношенията, които са предмет на съдебния спор и онези, които не са. Това мнение не може да бъде споделено, защото е contra legem. Законът не поставя ограничение за вида на спогодбата. Разпоредбата на чл. 365 ЗЗД говори за договора за спогодба по принцип, а не само за съдебната спогодба. Ако бъде възприето цитираното становище, това означава, че договорът за извънсъдебна спогодба трябва да бъде сключван в специална форма винаги, когато такава се изисква за действията, включени в съдържанието на спогодбата.

[40] Така Марков, М. Договор за спогодба ..., с. 24.

та. Последната, в качеството си на каузален договор, ще бъде нищожна на основание чл. 26, ал. 2 ЗЗД, при пълна липса на каквато и да било опасност от спор[41]. Затова договорът за спогодба предполага някакви съществуващи правоотношения между страните по него, по повод на които възниква правен спор. Те най-често имат договорен характер, но това не е задължително.

Отстъпките, които правят страните по договора за спогодба, могат да имат най-различен характер, доколкото не противоречат на повелителните норми на закона и на добрите нрави. Това произтича от принципа на договорната свобода в българското облигационно право – чл. 9 ЗЗД. Затова е възможно в структурата на самата спогодба да намерят място елементи на различни видове договори, като цесия, новация, поемане на дълг, поръчителство, залог, ипотека и др. Това дава основание на някои автори да характеризират договора за спогодба като имащ съставен характер[42].

---

[41] Така Марков, М. Договор за спогодба ..., 19-20. Според Сталев, Ж. Сила на пресъдено..., с. 125 правното основание на съдебната спогодба е прекратяването на спора, създаването на правен мир. Конов, Т. Подбрани съчинения. С.: Сиела, 2010, 495-496 определя каузата на договора като „онова житейско, онова икономическо отношение, чийто правен модел страните искат да създадат, учредявайки права и поемайки задължения." В литературата се срещат различни разбирания за същността на каузата на договорите.

[42] Вж. Ставру, С. Цит съч. За да обясни съдържанието на употребеното от него понятие обаче авторът използва термина смесен договор. Този термин не е утвърден в правната литература

Спогодбата има декларативно действие, тъй като правните положения се считат за такива, каквито са признати в договора. Същевременно договорът има и регулиращо действие, доколкото страните се задължават занапред да изпълняват задълженията така, както са установени в спогодбата. Последната е разпоредителна сделка, поради конститутивното и прехвърлително действие[43], което тя има, и трябва да се отнася до такива правоотношения, върху които страните могат да се разпореждат[44]. Тази характеристика обаче е диспозитивна и няма пречка страните да поемат задължения, които нямат разпоредителен характер[45]. Същевременно те биха могли да придадат обратна сила на конститутивното действие, доколкото не се засягат права на трети лица.

### 8. Нищожност и унищожаемост на спогодбата.

С договора за спогодба не може да се валидира и да се постига съгласие по нищожен договор, съгласно

---

за определяне на уреден в закона договор. Той би бил по-подходящ когато се квалифицират т.нар ненаименувани договори, които най-често съчетават в себе си различни елементи от договори, които вече имат уредба в закона. Макар в римското частно право спогодбата да е била ненаименуван договор, то тя сега у нас е уредена изрично в ЗЗД.

[43] Вж. в този смисъл Марков, М. Облигационно..., с. 353.

[44] В този смисъл вж. определение 157-1962-II г.о.

[45] Марков, М. Облигационно..., с. 352 отбелязва, че спогодбата във всички случаи е сделка на разпореждане със спорните права.

чл. 366 от ЗЗД. Спогодбата ще е нищожна, щом по отношение на първоначалния непозволен договор е налице което и да е от обстоятелствата, водещи до нищожност, които са предвидени в чл. 26 ЗЗД[46]. Не следва да се поставя ограничение само до договори, нищожни на основание противоречие, заобикаляне на закона или накърняване на добрите нрави. Всяко от посочените в чл. 26 ЗЗД основания цели да не допусне действието на договорите между страните, обявявайки ги за нищожни, щом е налице някой от посочените пороци. Именно такъв е ratio legis и на разпоредбата на чл. 366 ЗЗД. Щом е налице невъзможен предмет, липса на съгласие, липса на предписана от закона форма, липса на основание или привидност на един договор, то той ще представлява непозволен договор по смисъла на чл. 366 във връзка с 26, ал. 2 ЗЗД[47]. От друга страна, може да се приеме, че

---

[46] Пак там, с. 353, се посочва, че отстъпките могат да представляват потвърждаване на нищожен договор. Това мнение не може да бъде споделено, защото противоречи на закона.

[47] Противоположната позиция относно приложението на пороците, предвидени в чл. 26, ал. 2 ЗЗД, в хипотезата на чл. 366 ЗЗД, застъпва Ставру, С. Цит съч., аргументирайки се с това, че не е забранено извършването на такива договори по принцип, а порокът представлява само пропуск в съдържанието им или във волята на страните. Това разбиране е contra legem. Пороците по втората алинея на чл. 26 ЗЗД са също така съществени и неприемливи за правния ред, както и тези по ал. 1. Аргумент за това са еднаквите правни последици, които законодателят прикрепя като следствие от проявлението на юридическия факт на пороците и по двете алинеи, а именно – нищожност на договорите. Договорите, които страдат от такъв порок, са изначално недействителни и затова

спогодбата ще бъде недействителна и когато договорът, от който е възникнало спорното правоотношение, бъде унищожен, доколкото унищожаването ще настъпи с обратна сила. Причината за това ще е невъзможният предмет на спогодбата. Тъкмо с оглед на правилото на чл. 26, ал. 2 ЗЗД, считам, че договорът за спогодба щеше да бъде нищожен по силата на общите правила за нищожност на договорите, дори и да не съществуваше разпоредбата на чл. 366 ЗЗД.

Следва да се постави въпросът дали може да се сключи спогодба, заздравяваща правоотношението, породено от унищожаем, но неунищожен договор. Считам, че това е принципно възможно, ако спогодбата включва в себе си потвърждаване на унищожаемия договор, но само при условие, че лицето, което има право да предизвика унищожаване на договора, знае порока,

---

нищожността може да бъде констатирана по всяко едно време, без да е необходимо да се води исков процес и да се стига до решение, което я констатира. Какви други освен непозволени от правния ред са нищожните договори? Те са непозволени по смисъла на чл. 366 ЗЗД. Договорите, сключени при условията на чл. 26, ал. 2 ЗЗД не са незавършени фактически състави, тъй като правните субекти извършват волеизявления, които поради пороците си не пораждат правни последици – така Павлова, М. Цит. съч., с. 535. Затова не може да бъде поставян въпросът за това да бъдат довършени като фактически състави, щом като например липсващото съгласие или форма се преодолеят с нови. Последното би се случило, ако се сключи нов договор. Следователно при нищожните договори липсва изобщо правоотношение, спора по което да се разрешава чрез договор за спогодба.

представляващ основание за унищожаемостта. В противен случай няма да е налице изобщо потвърждаване, а състоянието на безспорност няма да бъде постигнато[48].

Могат да бъдат посочени редица примери по приложението на разпоредбата на чл. 366 ЗЗД. Така например ако спогодба представлява допълнително споразумение по един нищожен договор за наем, тя ще е нищожна, защото с нея страните са се спогодили как да уредят отношенията си по един нищожен договор. В определение 157-1962-II г.о. е било прието, че съдебна спогодба относно упражняването на родителските права не може да се сключва, поради непозволеността на договора за упражняване на родителски права. Съдът правилно приема, че тази нищожност може винаги да бъде констатирана и обявена, без да е необходимо да се води иск. В р. 135-1992-I г.о., на основание чл. 26, ал. 1, във връзка с ал. 4 ЗЗД, е потвърдено прогласяването на частична нищожност на спогодба за създаване на етажна собственост, щом като дяловете на етажните собственици в дворно място не са приети съразмерно на стойностите на отделните обекти.

Някои автори[49] приемат, че непозволеността на договора, която влече нищожност на спогодбата върху него, е белег за акцесорност на последната. Това мнение

---

[48] Ставру, С. Цит съч. приема безусловно, че е възможна спогодба по отношение на унищожаем договор. Той обаче не сочи аргументи в полза на застъпената от него теза.
[49] Така Голева, П. Облигационно право. С., 2006, с. 250.

не може да бъде подкрепено. Спогодбата е самостоятелен договор. Правата и задълженията, които са възникнали или променени с нея, се погасяват на общо основание и не зависят от погасяването на спорното правоотношение на друго основание. По-приемлива е тезата, според която договорът за спогодба е нищожен на основание чл. 366 ЗЗД поради невъзможен предмет – чл. 26, ал. 2 ЗЗД.

Що се отнася до унищожаемостта на договора за спогодба, налице е специална разпоредба – чл. 367 ЗЗД, която гласи, че е унищожаема спогодбата, сключена въз основа на документи, които по-късно са били признати са лъжовни. Всъщност текстът е доста остарял. Когато волята на страна е опорочена, поради лъжовен документ, биха се приложили общите разпоредби, касаещи унищожаемостта на договорите поради грешка или измама – чл. 28 и 29 ЗЗД, дори и да го нямаше текстът на чл. 367 ЗЗД[50]. На евентуалната теза, че законодателят е

---

[50] Обратно Сталев, Ж., А. Мингова, В. Попова, Р. Иванова. Българско..., с. 487. Авторите считат, че атакуването поради грешка на една съдебна спогодба може да стане само при ограниченията на чл. 367 ЗЗД, тъй като иначе прикрепената към тях сила на пресъдено нещо би се оказала твърде нестабилна. Следователно, според авторите, нормата, закрепена в разпоредбата на чл. 367 ЗЗД се явява не частен случай, доуточняващ общите правила за унищожаемост на договорите, а специално правило, което ги изключва и стеснява. Няма достатъчно правно-логически и догматични основания в името на правната сигурност да се изключва възможността частноправните субекти да могат да атакуват сключените от тях сделки, поради порок на волята,

искал да закрепи нормативно най-често срещаният в практиката случай, може да се възрази, че това не е вярно, тъй като не е налице съдебна практика по прилагането на чл. 367 ЗЗД, касаеща обявяването на унищожаемост на спогодба, сключена въз основа на лъжовни документи.

Съгласно чл. 180 ГПК частните документи, подписани от лицата, които са ги издали, съставляват доказателство, че изявленията, които се съдържат в тях, са направени от тези лица. Истинността им може да бъде оспорена по реда на чл. 193 ГПК. Същевременно е възможно наказателен съд да е признал документите, въз основа на които е сключена спогодбата, за „лъжовни". Последното понятие, ако се употреби терминологията, използвана в наказателното право, включва както неистинските документи, така и документите с невярно съдържание (т.нар. лъжливо документиране). Неистинността в първия случай се отнася единствено до неавтентичността на автора на документа. Документите с невярно съдържание, от своя страна, са истински удостоверителни документи, т.е. издадени са от лицето, което има право да ги състави. В тях обаче удостоверените факти или обстоятелства не съответстват на обективна-

---

различен от този, намерил място в чл. 367 ЗЗД. Дори и да се възприеме споделеното от авторите виждане, то тогава практически би се изключило приложението на института на унищожаемост на договора за спогодба. Неслучайно досега липсва каквато и да било практика по прилагането му.

та действителност[51]. Съгласно чл. 300 ГПК влязлата в сила присъда на наказателния съд е задължителна за гражданския съд, който разглежда гражданските последици от деянието, относно това, дали е извършено деянието, неговата противоправност и виновността на дееца.

Доколкото разпоредбите на чл. 366 и чл. 367 ЗЗД не прибавят никакви нови правни последици, в допълнение на предвиденото в общите правила за унищожаемост и нищожност, считам, че de lege ferenda те трябва да бъдат отменени. Тогава фактите, описани в хипотезата на нормата на чл. 366, биха се субсумирали под хипотезата на нормата, залегнала в чл. 26, ал. 2 ЗЗД, а онези, които са закрепени в чл. 367 ЗЗД, са юридическите факти, пораждащи последиците на унищожаемост, поради грешка или измама по смисъла на чл. 28 и 29 ЗЗД.

### 9. Съдебната спогодба.

Съдебната спогодба може да се дефинира като потвърден от съда договор между страните по висящо дело, с който те уреждат изцяло или отчасти съдебния спор и слагат край на производството в рамките на постигнатото споразумение. За да е налице съдебна спогодба е нужно договорът за спогодба да бъде сключен

---

[51] Така Постановление № 3 от 23.03.1982 г. по н.д. № 12/81 г. на Пленума на Върховния съд.

пред съда, който разглежда делото, и да бъде удостоверен в съдебния протокол, като той трябва да бъде подписан от страните, председателя и секретаря на съда – чл. 234, ал. 1 ГПК. Следователно, съдебна спогодба може да бъде сключена само в съдебно заседание. Писменият договор за спогодба, който страните представят на съда, не е съдебна спогодба. Формата, предписана в чл. 234, ал. 1 ГПК, е условие за валидността ѝ.

Определено процесуално значение има фактът, че съдебната спогодба има значението на влязло в сила решение и не подлежи на обжалване от по-горен съд – чл. 234, ал. 3 ГПК. Това означава, че спогодбата се ползва със същата сила на пресъдено нещо, с която се ползва и решението по делото, ако то не беше приключило със спогодба. Силата на пресъдено нещо на спогодбата поначало обхваща предмета на делото. Затова например, когато се касае до спогодба по извършване на делба, не е възможно чрез последващ иск да се иска нова делба или нов начин на нейното извършване. Обстоятелството обаче, че законът приравнява по значение съдебната спогодба на съдебно решение, не означава, че тя престава да бъде договор и се превръща в съдебен акт. Иначе казано, макар и така определената конститутивна същност на института, заедно с разпоредбата на чл. 234, ал. 3 ГПК, да приравняват правоустановяващото действие на съдебната спогодба на ефекта на съдебното решение, изразено чрез неговата правна последица – силата на пресъдено нещо, те са различни по своето правно естество явления. За разлика от решението, съдебната спогодба не държи сметка за установените факти по спора, а неин основен елемент е обективираното съгласие между страните, от което произтичат и правните й последици. Поради това и определението на съда, с което е одобрена спогодбата, няма самостоятелно значение, а съставлява единствено правно условие, conditio iuris, за да се породи нейният ефект, но само по себе си не може да произведе такъв ефект като правна последица.

Когато спогодбата се отнася само за част от спора, съдът продължава разглеждането на делото за неспогодената част – чл. 234, ал. 4 ГПК.

Следователно, от гледна точка на облигационното право, съдебната спогодба има фактическия състав и правните последици на извънсъдебната спогодба – чл. 365 ЗЗД, но за да произведе действие съдебната спогодба е необходимо едно conditio iuris. Това, разбира се, не означава тъждество между двете. Именно новите елементи, които се прибавят към фактическия състав и правните последици на извънсъдебната спогодба, е това, което характеризира съдебната такава. Първата част от сложния фактически състав на съдебната спогодба по едно гражданско дело е споразумението на страните, което носи белезите на договор по смисъла на чл. 365 – 367 ЗЗД. Спогодбата следва да бъде сключена пред съда и одобрена от него, след преценка за съответствието й със закона и добрите нрави. Следователно втората част от фактическия състав е определението, с което спогодбата се одобрява и което има охранителен характер. Последният елемент на сложния фактически състав включва изрично или мълчаливо съдържащото се искане на страните да се прекрати делото, поради договорното уреждане на правния спор и десезирането на съда от него[52].

Както вече беше споменато, независимо, че на основание чл. 234, ал. 3 ГПК съдебната спогодба поражда правните последици на влязло в сила съдебно решение, по силата на същата законова разпоредба спогодбата не подлежи на обжалване пред по-горен съд, нито на преглед или отмяна, тъй като не загубва правната си характеристика на договор между сключилите я страни, който договор е източникът на правата и задълженията между тях. Последният не се превръща в съдебен акт. Ако спогодбата е опорочена, като всеки нищожен или унищожаем договор, тя може да бъде атакувана, но само по исков ред, щом са налице посочените в чл. 26 – 33 ЗЗД основания. Същевременно, както се посочва в р. 166-1997-I г.о., съдебната спогодба може да бъде нищожна и поради нарушение на съществени процесуални правила. В случай, че страните не изпълняват точно поетите със съдебната спогодба задължения, тя може да бъде развалена, както всеки двустранен дого-

---

[52] Така Сталев, Ж., А. Мингова, В. Попова, Р. Иванова. Българско..., с. 481. Там спогодбата се характеризира като смесен институт с оглед на фактическия си състав и правните си последици, тъй като се регулира едновременно от гражданското и от гражданско процесуалното право.

вор[53]. Що се отнася до определението на съда, с което се одобрява съдебната спогодба, то представлява охранителен акт, който не подлежи на обжалване, тъй като с него не се разрешава възникналият между страните правен спор. Спорът се разрешава с договора за спогодба, а определението на съда за одобряването му има само допълнителен и контролен характер. То цели да предотврати възможността за евентуално прекратяване на делото въз основа на един нищожен договор, противоречащ на закона или на добрите нрави. На обжалване и отмяна подлежи единствено и само определението на съда за прекратяване на делото, в качеството му на акт, преграждащ развитието на производството. Основание за отмяна на това определение е липсата на осъществен фактически състав на съдебната спогодба – ако такава не съществува; ако не е сключена пред съда; ако съдебният протокол не е подписан от някоя от страните или ако съдът не е одобрил спогодбата. Но не може под формата на обжалване на определението за прекратяване на делото, да се атакува самата спогодба.

## 10. Съдебната спогодба в производството по делба.

Някои интересни моменти са налице и при съдебната спогодба, постигната в производството по дел-

---

[53] Доколкото спогодбата няма в дадения случай многостранен характер. Това трябва да се преценява във всеки конкретен случай, за да се прецени дали е допустимо развалянето по чл. 87-88 ЗЗД.

ба. Известно е например, че договорно прехвърляне от един съсобственик на друг съсобственик на притежавани от първия идеални части от съсобствения имот, може да се извърши както с отделен договор, така и със спогодба, сключена в производството по делба на същия имот.

За спогодбата в делбено производство важат общите моменти, посочени за съдебната спогодба като цяло. Чрез спогодба може да бъде извършена делба както на вещ в нейната цялост, така и на идеални части от вещта. Съдебната спогодба има вещно прехвърлително действие по отношение на вещите, които са предмет на делбата. Когато се касае до такава спогодба, не е възможно чрез последващ иск да се иска нова делба или нов начин на нейното извършване. Не съществува пречка обаче след допускане на делба на идеални части от даден имот съделителите да сключат договор за спогодба, по силата на която да извършат делбата по допустим от закона начин, а отношенията с третите лица, притежаващи останалите идеални части, да се уредят в друго производство. Възможно е също, както вече се спомена, предмет на делбата да е една единствена вещ, която по силата на спогодбата се предоставя на един съделител, а останалите получават парично уравнение. Друг би бил случаят, ако се касае за вещ извън предмета на делбата. За да настъпи създаването, изменението или погасяването на правоотношенията, които не са били предмет на делбеното производство, освен спогодбата трябва да бъде сключен и акт в определената от закона форма.

Тогава тя ще представлява предварителен договор, който впоследствие подлежи на обявяване за окончателен по реда на чл. 19, ал. 3 ЗЗД.

Когато се касае до делба, законът не забранява на страните чрез спогодба да изменят съотношението на своите права в съсобствеността. За съда, когато постановява решение, съществува задължение да се произнесе по основателността на предявения иск и след това да ликвидира съсобствеността. Няма пречка обаче страните да ликвидират спора чрез изменение на съотношението на своите права в съсобствения имот. От друга страна, когато имотът е предмет на делбено производство и страните се договарят спорът им да приключи със спогодба, по силата на която целият имот да се предостави на един съделител или да се прехвърли част от идеалните части на единия съделител на другия, самата спогодба има вещно прехвърлително действие по отношение на целия имот или само на идеалните части от него.

Сключената спогодба е договор, който на общо основание подлежи на изпълнение. Това е и нормалното развитие на нещата. Доброволното изпълнение е крайният резултат на облигационното отношение, неговото последно действие в случаите, когато тя се развива нормално[54]. При неизплащане на парично задължение по спогодбата в срок, кредиторът на парично вземане

---

[54] Така Апостолов, И. Облигационно право – Част първа: Общо учение за облигацията. С., 1947, с. 172.

има основание да развали спогодбата, когато последната има двустранен характер. Когато се касае до договори, с които се прехвърлят, учредяват, признават или прекратяват вещни права върху недвижими имоти, развалянето се извършва по съдебен ред по силата на чл. 87, ал. 3 ЗЗД. Развалянето може да има за последица например, че частта на ищеца, определена му с решението за допускане на делбата, по силата на обявеното в чл. 88, ал. 1 ЗЗД обратно действие, се връща в неговия патримониум, като се отнема от съсобственика, на когото по силата на спогодбата тя е отстъпена. С връщането в патримониума на кредитора на признатия му с решението за допускане на делбата дял в собствеността, последната се възстановява между съсобствениците, и то при същото съотношение на правата, което те са имали при подписването на спогодбата.

## 11. Заключение.

Спогодбата е договор, който намира своето приложение както извънсъдебно, под формата на извънсъдебна спогодба, така и съдебно – т.нар. съдебна спогодба. И в двата си варианта тя представлява по същността си договор, който във втория случай е потвърден от съда. Винаги обаче законът отдава предпочитание на доброволното уреждане на спора между две спорещи страни извънсъдебно, в сравнение с възможността това да стане със съдебно решение. Неслучайно чл. 145, ал. 3

ГПК задължава съда да прикани страните към спогодба, като посочи последиците от нея.

Необходимо е да се преодолее инерцията в литературата да се определя договорът за спогодба единствено и само като двустранен. Както отбелязва Върховният съд[55], последният може да има и многостранен характер. В този смисъл, необходимо е законодателят да предвиди възможността договорът за спогодба да може да бъде развален поради неизпълнение и в случая, когато е многостранен.

За по-пълноценното регулиране на обществените отношения, е нужно прецизирането и усъвършенстването на специалната уредба, касаеща унищожаемостта и нищожността на договора за спогодба. С цел справедлива защита на интересите на частноправните субекти, е добре да се предвиди възможност за унищожаване на договора при кумулативното наличие на следните обстоятелства: (1) фактическата обстановка, която е послужила като основа за сключването на договора не съответства на действителността; (2) действителното правно положение не е било известно на страните; (3) последните не биха сключили договора, ако истинското състояние на нещата им е било известно. В сегашната си редакция, разпоредбата на чл. 367 ЗЗД е практически неприложима. Ако се възприеме разбирането, че тя изключва приложението на общите правила за унищожаемост на договорите, би се стигнало до несправедливо

---

[55] Вж. р. 106-1987-ОСГК.

ограничаване на правата на онези лица, чиято воля е била опорочена. От своя страна, наличието на правилото на чл. 366 ЗЗД е до голяма степен обезсмислено, поради разпоредбата на чл. 26, ал. 2 ЗЗД, която достатъчно добре осъществява същата функция.

# ЧАСТ II

# ПРАКТИЧЕСКИ АСПЕКТИ НА НИЩОЖНИТЕ СДЕЛКИ ПО ЧЛ. 26, АЛ. 2 ЗЗД – ВЪПРОСИ НА СЪДЕБНАТА ПРАКТИКА

## 1. Увод

*Целите и задачите на настоящия труд са преди всичко да бъдат преодолени някои неясноти около нормативната уредба, тълкуването и приложението, отнасящи се до сделките, нищожни на основание на чл. 26, ал. 2 от Закона за задълженията и договорите (ЗЗД). Това ще бъде постигнато чрез разглеждането на някои спорни въпроси, стоящи пред съдебната практика и доктрината.*

Налице са например проблеми при разграничаването на **нищожността по чл. 26, ал. 2, предл. 2 ЗЗД** от хипотезите на **унищожаемост по смисъла на чл. 31, ал. 1 ЗЗД**. Тези колебания се дължат в не малка степен на несъвършенствата на уредбата, както и на недостатъчно прецизното изясняване на проблематиката от страна на доктрината.

Друг въпрос, на който си струва да се обърне внимание, е смесването в разбирането за **незавършените фактически състави** – от една страна, **и нищожността по чл. 26, ал. 2 ЗЗД** – от друга. Настоящата работа ще се опита да постави под съмнение разбирането, че става дума за незавършени сделки, доколкото, както се отбелязва в съдебната практика[56], то би застрашило правната сигурност.

Съществуват и други проблематични въпроси, що се отнася например до **липсата на основание**. В този смисъл от една страна се приема, че липсата на кауза не е самостоятелно основание за нищожност, а е едно сумарно понятие, което се свежда до няколко различни, разпръснати в закона основания – като например липса на предмет, липсваща или опорочена воля и други, които не винаги водят до нищожност.[57] От друга страна, в съдебната практика се стига дори дотам, че се обявява за нищожен поради липса на основание договор за прехвърляне на имот срещу задължение за издръжка и гледане, защото прехвърлителят е млад човек и разполага с достатъчно средства за издръжка.[58] Това поставя въпроса дали съдът не се намесва в частноправните отношения така, че да накърнява договорната свобода – да не вижда основание там, където такова е налице.

Същевременно в съдебната практика, включително в решения на Върховния касационен съд (ВКС),

---

[56] Така в решение 1709-73-I г. о. на ВС.

[57] Така Таков, К. Абстрактните сделки в светлината на понятията за абстрактност и каузалитет. – Във: Юбилеен сборник по повод 100-годишнината на проф. Иван Апостолов, 2001 г., с. 419-451.

[58] Вж. решение 1001-67-I г. о. на ВС.

се обявяват за нищожни на основание чл. 26, ал. 2, предл. 2 ЗЗД договори, сключени при липса на представителна власт поради това, че **съдът смесва понятията нищожност, висяща недействителност и относителна недействителност**. Това има не само негативни теоретични последици, но и важни практически такива, доколкото – ако бъде възприето това разбиране, contra legem ще се препятства възможността една сделка да се ратифицира (саниране) впоследствие. А такава възможност законът всъщност предоставя на частноправните субекти при сделките, сключени при липса на представителна власт. Стига се дори дотам, че същото разбиране се прокарва и на плоскостта на търговскоправните отношения, където, както се знае, ратификацията е чрез бездействие, а принципът in favorem validitatis трябва да има още по-голямо значение, защото е нужно правото да насърчава, а не да спира оборота.

Необходимо е още тук да бъде направено уточнението, че привидните сделки няма да бъдат предмет на настоящата статия както поради ограничения обем на изследването, така и защото считам, че им се полага самостоятелно разглеждане. Същевременно статията няма за задача, нито пък е възможно, да направи пълен и изчерпателен анализ на нищожността по чл. 26, ал. 2 ЗЗД. Тя цели по-скоро да насочи вниманието към различните проявления на един същностно важен въпрос, чиято многоизмерност е неизчерпаема.

По обсъжданата проблематика има учебна литература, но няма достатъчно изследвания, които са си поставили за цел самостоятелно да се занимаят с разискваните тук проблеми.[59] Трябва да се отбележи обаче, че широтата на проблематиката предпоставя също самостоятелно изследване на основанията, закрепени в разпоредбата на чл. 26, ал. 2 ЗЗД.

## 2. Нищожност – общи бележки

Нищожността на договорите е най-тежкият порок, който препятства изобщо пораждането на желаните от страните правни последици и всеки може да се позове на нея, без да е необходимо да я установява предварително, в отделно производство. Материята се регулира от императивни норми на закона, а не от волята на

---

[59] Освен учебните курсове по гражданско право – обща част на проф. Таджер и проф. Павлова, проблематиката на чл. 26, ал. 2 ЗЗД е анализирана и в следните изследвания: Розанис, С. Недействителност на сделките. С., „Фенея", 2009 г.; Попов, П., Т. Конов. Въпроси на недействителните сделки, сключени от недееспособни в съдебната практика. – сп. „Правна мисъл", 1985 г., № 5, с. 106-111; Цончев, Кр. Насилие и заплашване. Нищожност и унищожаемост. – сп. „Социалистическо право", 1974 г., № 10; Хорозов, Г. Основания за нищожност на сделките по чл. 26, ал. 2 ЗЗД. – сп. „Пазар и право", 2003 г., № 4, приложение; Русчев, И. За съотношението между чл. 26, ал. 2 и чл. 31 ЗЗД в светлината на съдебната практика. – сп. „Търговско и конкурентно право", 2009 г., № 7.

страните. Налице са както общи основания за нищожност, залегнали в разпоредбите на чл. 26, ал. 1 и 2 ЗЗД, така и специални, разпръснати в самия ЗЗД и в други нормативни актове.[60] Същевременно общата уредба, касаеща договорите, се прилага съответно и по отношение на едностранните волеизявления по силата на разпоредбата на чл. 44 ЗЗД, доколкото законът допуска последните да пораждат, изменят или прекратяват права и задължения. Правилно обаче в правната литература се сочи, че общата уредба на недействителността, намерила място в ЗЗД, не може да бъде приложена спрямо решенията.[61] Последните са специфичен вид сделки и към тях няма препращане, подобно на това, дадено в чл. 44 ЗЗД.

### 3. Нищожност по чл. 26, ал. 2 ЗЗД – общ план

Съгласно чл. 26, ал. 2 ЗЗД, нищожни са договорите, които имат невъзможен предмет, договорите, при които липсва съгласие, предписана от закона форма, основание, както и привидните договори. Както вече посочих и по-горе, в настоящата работа ще бъдат разгледани първите четири.

---

[60] Друг е въпросът доколко специалните основания дерогират общите или просто ги специфицират. Така например, специалната уредба на договора за спогодба според мен не изключва общите основания за нищожност. Нещо повече, това е нищожност поради невъзможен предмет, която и без това е уредена в чл. 26, ал. 2 ЗЗД.

[61] Вж. Русчев, И. Нищожност на договорите и едностранните сделки по чл. 26, ал. 1 ЗЗД. – сп. „Пазар и право", 2003 г., № 1.

В правната литература се застъпва становището, че в случая се касае за незавършени фактически състави.[62] Следва обаче да се прави разграничение между недействителните сделки – от една страна, и незавършените сделки – от друга. При последните някой от елементите на фактическия състав въобще липсва, поради което изобщо не е налице сделка. Такава би възникнала чак тогава, когато фактическият състав бъде довършен. Вярно е, че и при двете явления не настъпват правните последици на сделката, но при нищожната сделка такива няма да настъпят никога, освен ако не се сключи нова, вече действителна такава.

**В хипотезата на чл. 26, ал. 2 ЗЗД се визират случаи, при които правните субекти извършват волеизявления, които обаче са опорочени и затова не пораждат правни последици[63], а не защото не е довършен фактическият състав на сделката.**

Затова не може да бъде споделено разбирането на ВКС в определение 664-2009-IV г. о., според което незавършеният фактически състав по сключването на един договор, изразяващ се в липса на изявление за обвързване по него, води до нищожност на договора по силата на чл. 26, ал. 2 ЗЗД.

---

[62] Вж. Таджер, В. Гражданско право на НРБ. Обща част, дял II. С., 1973 г.

[63] Така Павлова, М. Гражданско право – обща част. С., Софи-Р, 2002 г., с. 535.

По-нататък в изложението ще бъдат разгледани конкретните основания за нищожност, визирани в разпоредбата на чл. 26, ал. 2 ЗЗД.

## 4. Нищожност поради невъзможен предмет

Първото основание за нищожност, което е залегнало в разпоредбата на чл. 26, ал. 2 ЗЗД, е налице тогава, когато сделките имат „невъзможен предмет". Невъзможният предмет означава **невъзможност на резултата, към който страните са насочили усилията си.**[64] Според някои автори той е равнозначен на *липса* на предмет.[65] Това мнение не е съвсем точно и се нуждае от прецизиране. **Предметът е невъзможен не когато не съществува, а когато не може да възникне.** Така например, когато е правно възможно обособяването на самостоятелен обект на собственост, предметът може да не съществува, но той е възможен, тъй като законът не забранява разпореждане с бъдещи вещи. Няма спор, че сделка на разпореждане с бъдещи вещи е действителна,

---

[64] Пак там, с. 535 е посочено, че предметът на сделката може да бъде вещ, нематериално благо, човешки действия или бездействия, отделни права и/или правни задължения, както и съвкупности от права и задължения. Розанис, С. Цит. съч., с. 30 приравнява предмета на обекта на правоотношението. Разбирането, че предметът е тъждествен на обекта на правоотношението – вещ, нематериално благо, действие или бездействие, е намерило място и в определение 176-2010-II т. о. Тъждеството на предмет и обект на правоотношението обаче не е безспорно – така например Законът за концесиите ги използва в различен смисъл.

[65] Така Таджер, В. Цит. съч., с. 259.

макар предметът да не съществува към момента на сключване на договора. Това е така, защото се очаква този предмет да възникне, той е възможен и поради това сделката е валидна. Така например при сделка с реална част от недвижим имот възможен предмет на договора са всички тези части от имота, които могат да бъдат обособени като самостоятелни обекти. За валидността на сделката няма значение дали обособяването е извършено към датата на сключването или не.

Може да се обобщи, че ако обособяването не е налице, но е възможно да стане, то и предметът на сделката е възможен, респективно не са налице основания за обявяването на същата за нищожна.

Под невъзможен предмет по смисъла на закона може да се имат предвид също и **вещи и действия, които са извън гражданския оборот** – т. нар. res extra commercium.

Предметът на един договор се счита за възможен, ако е поне определяем. Определяем е предмет, за който в договора е посочен начинът, по който същият ще бъде определен в бъдеще. Неопределеният предмет представлява невъзможен предмет по смисъла на чл. 26, ал. 2, предл. 1 ЗЗД. Предметът на сделката трябва **да е невъзможен** не когато и да е, а **по време на сключването**, за да бъде тя квалифицирана като нищожна. С други думи, за да е налице основание за нищожност, невъзможността на предмета, по смисъла на закона, трябва да е начална. Възникналата впоследствие невъзможност на предмета не може да обоснове нищожност.

Освен това тогава, когато предметът е забранен от закона, няма да се приложи разпоредбата на чл. 26, ал. 2 ЗЗД, а сделката ще е нищожна на основание противоречие със закона – чл. 26, ал. 1 ЗЗД. Ще се касае за т. нар. незаконен предмет. Това се отнася и когато предметът на сделката противоречи на добрите нрави.

В случая правно релевантна е само пълната невъзможност на предмета. Някои автори обосновават разбирането, че при частичната невъзможност правната последица ще бъде възможността сделката да бъде развалена по съдебен ред, по смисъла на чл. 89 ЗЗД.[66] На това разбиране следва да се възрази. В разпоредбата на чл. 89 ЗЗД изразът е: *„ако задължението на едната страна се погаси поради невъзможност за изпълнение...".* Разпоредбата ясно указва на факта, че погасяването поради невъзможност става след възникването на задължението. Иначе казано, не става дума за началната невъзможност, която се има предвид в текста чл. 26, ал. 2 ЗЗД, а за последваща такава, причинена от случайно събитие или непреодолима сила.[67] Двете трябва ясно да бъдат разграничени. Всъщност частичната начална невъзможност на предмета ще има за последица т. нар.

---

[66] В този смисъл Павлова, М. Цит. съч., с. 536-537. Авторката не сочи аргументи в подкрепа на своето разбиране.
[67] При непреодолимата сила следва да се има предвид специалното правило на чл. 306 ТЗ.

частична недействителност на сделката, доколкото са спазени изискванията на чл. 26, ал. 4 ЗЗД. В този смисъл съдът в решение 1159-2008-III г. о. на ВКС разглежда хипотезата на сключен предварителен договор с частично невъзможен предмет и се позовава на текста чл. 26, ал. 4 ЗЗД, според който нищожността на отделните части не влече нищожност на целия договор, когато сделката би била сключена и без недействителната част.

Правилно в литературата се сочи, че **невъзможността може да е фактическа или правна.**[68]

Договорът за продажба на чужда вещ не е нищожен поради невъзможен предмет, независимо че не се поражда вещният ефект.[69] Макар и чужда, вещта не представлява невъзможен предмет. Ако вещта е собственост на друго лице, а не на продавача, това не означава, че тази вещ не съществува, че договорът няма предмет или че предметът е невъзможен. Както се приема в решение 483-2010-I г. о. на ВКС (постановено по чл. 290 ГПК) „*[п]ри продажба на чужда вещ сделката остава действителна и поражда права и задължения за страните.*"

---

[68] Павлова, М. Цит. съч., с. 536. Така и Тасев, С. М. Марков. Гражданско право – обща част. Modus Studendi. С., „Сиби", 2007 г., с. 212-213. Авторите подразделят невъзможността на предмета още на окончателна и временна, както и на виновна и безвиновна.
[69] Така Розанис, С. Цит съч., с. 35.

Типичен случай на нищожност на договор поради невъзможен предмет е уреден в разпоредбата на чл. 184, ал. 1 ЗЗД, съгласно която ако при сключването на договора вещта е била погинала, договорът е нищожен.

Съществуват различни възможни практически измерения на нищожност на сделка поради невъзможен предмет.

Така например един договор за цесия, сключен между два правни субекта, ще е нищожен на основание чл. 26, ал. 2 ЗЗД поради невъзможен предмет, щом като към датата на сключването му вземането на цедента към длъжника е било вече погасено чрез плащане. Именно защото вземането вече не е съществувало, прехвърлянето на вземането като резултат не може да бъде предмет на договора за цесия между двете лица.[70]

Както приемането на едно наследство, така и отказът от него, са едностранни сделки по смисъла на чл. 44 ЗЗД. По силата на тази разпоредба правилото на чл. 26, ал. 2 ЗЗД важи и за едностранните сделки, включително и за отказа и за приемането на наследство. Поради това приемането на наследство след надлежно заявен отказ, както и отричането от наследство след неговото приемане, са недействителни. Фигуративно казано, двете възможности са като двете страни на една монета. От една страна, след като наследството е прието, липсва

---

[70] Същото се приема в решение от 29.06.2010 г. по в. т. д. № 276/2010 на Апелативен съд–Варна. Касае се именно за нищожен договор за цесия между две търговски дружества.

предмет за отричането. От друга – след надлежен отказ от наследство липсва предмет за приемането му. Следователно и в двата случая са налице нищожни едностранни сделки. По конкретно, отказът от наследство прекратява правата и задълженията на отреклия се наследник и с оглед на чл. 53 от Закона за наследството (ЗН) поражда права и задължения за неговите сънаследници. Тъй като отказът от наследство прекратява права и задължения за едно лице и същевременно поражда такива за друго, за него важи правилото на чл. 26, ал. 2 ЗЗД, т. е. при невъзможен предмет отказът ще е нищожен. Приемането на наследство преди отказа не само не може да бъде отменено от приелия наследството, но и го лишава от възможността да се откаже от него.

В решение 73-86-ОСГК на ВС се приема, че ако по застроителния план не се предвижда надстрояване на сграда, то ще е налице сделка с невъзможен предмет, която съгласно чл. 26, ал. 2 ЗЗД е нищожна.[71] С решение 520-94-I г. о. на ВС за недействителен се обявява завет поради невъзможен предмет, защото недвижимият имот, предмет на завета, не е бил собственост на завещателя към момента на смъртта му.

Съгласно постановеното по реда на чл. 290-293 ГПК решение 158-2010-II г. о. на ВКС, по смисъла на чл. 26, ал. 2 ЗЗД договорът е нищожен поради невъзмо-

---

[71] В Павлова, М. Цит. съч., с. 536, се посочва цитираното решение като типичен пример на правна невъзможност на предмета.

жен предмет, ако към момента на сключването му вещта, предмет на разпореждане, не съществува фактически или не отговаря на установените в действащия устройствен закон изисквания за самостоятелен обект, т. е. с оглед тези изисквания не представлява годен за извършване на разпоредителни сделки самостоятелен обект. Преценката следва да бъде извършена с оглед състоянието на вещта към момента на извършване на разпореждането, като следва да бъде взето предвид и дали към този момент обособяването на вещта като самостоятелна е възможно, както и дали подобно обособяване реално е извършено. Дори към определен минал момент вещта да не е съществувала като самостоятелна по причина, че е била вградена в друга, по-голяма вещ и е представлявала част от нея, ако към момента на извършване на сделката е приключило фактическото отделяне като самостоятелен обект и реалното обособяване като такъв, съответстващ на изискванията на действащите към този момент строителни правила и норми, следва да се приеме, че е налице годен обект на разпореждане по смисъла на чл. 26, ал. 2 ЗЗД.

Изводът дали е налице годен предмет на разпореждане следва да се основава не само на обстоятелството дали към момента на сключване на договора в обема на разпоредените права съществува самостоятелен обект, но и дали според изразената в договора воля е налице съгласие за разпореждане с така съществуващия обект. **Действителността на договора от гледна точка на изискванията за неговия предмет следва да**

**бъде преценявана с оглед изразената от сключилите договора лица воля.** Ако към момента на сключването му описаният в него имот не съществува реално, следва да се приеме, че договорът е нищожен поради невъзможен предмет, дори да се установи, че реално съществува друг недвижим имот, годен да бъде самостоятелен обект на разпореждане, за който обаче между сключилите договора лица не е било постигнато съгласие за разпореждане.

### 5. Нищожност поради липса на воля и съгласие

Липсата на съгласие е второто поред основание за нищожност, посочено в разпоредбата на чл. 26, ал. 2 ЗЗД. В правната литература се споделя разбирането, че понятието „липса на съгласие" е възможно само и единствено при двустранните договори.[72] При едностранните сделки аналогичното понятие е липса на воля. Това разбиране се нуждае от някои уточнения. От една страна, липсата на воля може да се използва като термин и при двустранните договори. От друга – този термин, макар и употребен за едностранна сделка, също може да се субсумира под основанието липса на съгласие, залегнало в чл. 26, ал. 2 ЗЗД.

**В съдебната практика понякога се допуска смесване на институтите на унищожаемост по смисъла на чл. 31, ал. 1 ЗЗД и нищожност на основание чл. 26, ал. 2, предл. 2 ЗЗД.** Затова считам, че е необхо-

---

[72] Така Розанис, С. Цит. съч., с. 36. Същото се застъпва и в Таджер, В. Цит. съч., с. 260.

димо първо да бъде направено отграничението от унищожаемостта, за да може впоследствие това конкретно основание за нищожност да се анализира само по себе си. Неяснотите се дължат до голяма степен на слабостите на уредбата на унищожаемостта, залегнала в разпоредбата на чл. 31, ал. 1 ЗЗД. Последната не е приведена в съответствие с останалото законодателство и с основание се критикува в литературата.[73]

За да бъде нищожна сделката, липсата на съгласие при *дееспособните* лица трябва да бъде *съзнателна*, защото в противен случай ще се приложат правилата за унищожаемостта. Така например, когато е налице сключен договор за покупко-продажба, продавачите по който имат душевна болест и старческо слабоумие, които им пречат да разбират и ръководят действията си, ще се приложат правилата на чл. 31, ал. 1 ЗЗД за унищожаемост на сделката.[74] В случая обстоятелствата не обосновават приложението на никоя от хипотезите на липса на съгласие, по смисъла на чл. 26, ал. 2 ЗЗД, именно защото не сочат тя да е била *съзнателна*.

Необходимо е да се внесат известни уточнения. Следва да се отбележи, че способността да се разбират или ръководят действията по смисъла на чл. 31, ал. 1 ЗЗД е необходимо да се тълкува систематично с разпо-

---

[73] Така Попов, П., Т. Конов. Цит. съч., с. 106-111.

[74] Вж. решение 1344-2002- IV г. о. на ВКС. Обратно Русчев, И. За съотношението между чл. 26, ал. 2..., цит. от информационна система на ИК „Труд и право": ЕПИ.

редбата на ал. 2. Тя е свързана с нуждата от запрещение и затова чл. 31, ал. 2 ЗЗД забранява унищожаването на договора след смъртта на лицето, освен ако приживе не е искано поставяне под запрещение. Систематичното тълкуване на двете алинеи на чл. 31 ЗЗД води до извода, че неспособността да се разбират или ръководят действията (по смисъла на ал. 1) трябва да се дължи на слабоумие или душевна болест, тъй като само тогава е възможно поставянето под запрещение, съгласно чл. 5 от Закона за лицата и семейството (ЗЛС). Затова е основателна критиката на някои автори, че разграничителната линия съзнателна-несъзнателна липса на съгласие не е достатъчно задоволителна.[75] Липсата на воля по смисъла на чл. 26, ал. 2 ЗЗД от своя страна е налице,

---

[75] Пак там. Авторът посочва, че е необходимо разпоредбата на чл. 31 ЗЗД да се тълкува рестриктивно, а прилагането да се ограничи единствено до хипотезите на кратковременни и преходни „състояния на неразбиране или невъзможност да се ръководят действията, последвани от възстановяване на способността за формиране на волята. Докато в останалите случаи на трайна неспособност... сделката би следвало да се обяви за нищожна поради липса на воля." Напълно са основателни заключенията на автора относно незадоволителността на разрешенията, следващи от прилагането на чл. 26, ал. 2, във връзка с чл. 31 ЗЗД. Но считам, че това се дължи на недостатъчно ясната правна уредба. С оглед на това, de lege lata трудно може да бъдат преодолени недостатъците на уредбата по тълкувателен път. Необходима е законодателна интервенция, която да отчете критиките на правната доктрина и положителния опит, натрупан от съдебната практика. За съжаление обемът и целите на настоящата работа не ми позволяват да взема по-детайлно отношение по проблема.

когато субектът не може да има правно валидна воля, защото е малолетен или не е бил способен да волеобразува по причини вън от слабоумието и душевната болест, т. е., когато е било невъзможно поставянето му под запрещение и съответно е нямало защо такова да бъде искано.

В решение 1117-99-II г. о. на ВКС също се приема, че неспособността да се разбират или ръководят действията, по смисъла на чл. 31, ал. 1 ЗЗД, е налице при слабоумие и душевна болест, а липсата на воля по смисъла на чл. 26, ал. 2 ЗЗД е налице, когато лицето не може да има правно валидна воля по причини извън слабоумието и душевната болест. В определение 540-2010-III г. о. на ВКС се застъпва разбирането, че нищожност на договорите поради липса на съгласие е налице при *пълна* липса на валидно съгласие за сключването на сделката, а неразбирането на свойството и значението на постъпките е основание за унищожаемост по чл. 31, ал. 1 ЗЗД. Под „пълна" липса на съгласие следва да се разбира невъзможност изобщо да се волеобразува, щом като не става дума за слабоумие и душевна болест, както и хипотезите на малолетие.

Липса на съгласие е налице и при насилие[76], при изявление, направено на шега[77], волеизявления, напра-

---

[76] Примери за насилие, които се сочат в литература, са насочване на оръжие или отвличане на дадено лице или на близките му, движене насила на ръката на лицето, за да се подпише, както и други.

вени като учебен пример[78], такива при мислена уговорка (reservatio mentalis), че не се желае настъпването на правните им последици[79], липса на покриване по съдържание на насрещните волеизявления при двустранните договори.[80] Тези теоретични конструкции са широко застъпени в литературата. Нищожност поради липса на съгласие е налице и при пропускането да се посочи, респективно да се постигне договореност по отношение на цената, като част от essentialia negotii, в един договор и др.[81] В някои съдебни решения се обосновава нищожност поради липса на съгласие и в хипотезата на разпореждане със семейното жилище, собст-

---

[77] В случая е необходимо да е ясно за едно трето лице и за насрещната страна, че изявлението се прави на шега, за да не се стигне до злоупотреба с тази възможност, когато например едно лице иска да се освободи от валидно възникнало договорно задължение.

[78] Например подписване на запис на заповед с учебна цел.

[79] Но тази уговорка трябва да се доведе до знанието на адресата на волеизявлението – така Павлова М. Цит. съч., с. 538. Обратно Тасев, С., М. Марков. Цит. съч., с. 214. В цитираното съчинение М. Марков застъпва разбирането, че в случая, когато мислената уговорка е доведена до знанието на адресата, ще е налице хипотезата на привидна сделка.

[80] Например когато техническите средства не предават точно волеизявлението на едната страна или страните употребяват думи и термини, в които влагат различно значение.

[81] Вж. Розанис, С. Цит съч., с. 36-43. Сочи се за пример и сключване от едно лице на договор от името на друго, без първото да е било упълномощено от второто (липса на представителна власт). Това разбиране не може да бъде възприето, тъй като се касае за висяща недействителност, а не за нищожност.

веност на единия съпруг, при липсата на изискуемото съгласие на съпруга-несобственик - виж решение 1115-2008-II г. о. на ВКС и решение 1083-91-I г. о. на ВС. Това разбиране основателно се критикува в литературата.[82] Разпоредбата на чл. 26, ал. 2 ЗЗД има предвид липсата на съгласие на страна по сделката, а съпругът-несобственик не е такава страна.

В съдебната практика се прогласява нищожност на сделки, сключени без представителна власт, на основание липса на съгласие. Това са случаите, в които лицето, което извършва правни действия от чуждо име, действа като мним представител (falsus procurator), както и случаите на превишаване пределите на представителната власт (excessus mandati). Някои автори също подкрепят това разбиране.[83] То обаче не може да бъде споделено. Принципът in favorem validitatis (в полза на действителността), както и законодателната уредба, изискват вместо нищожност да се предпочете висящата недействителност на тези сделки.[84] При този тип недействителност не се пораждат правни последици, но е възможно такива да възникнат, когато последва ратификация от мнимо представлявания – чл. 42, ал. 2 ЗЗД.[85]

---

[82] Вж. Марков, М. Разпореждане със семейното жилище – собственост на единия от съпрузите. – сп. „Собственост и право", 2010 г., № 2.

[83] Вж. Розанис, С. Цит съч., с. 37-40.

[84] Така Таков, К. Доброволно представителство. С., „Сиби", 2006 г., с. 308. Вж. и Таджер, В. Цит. съч., с. 243-244.

[85] Пак там, с. 322.

Все пак обаче считам, че е необходимо да се обърне внимание на тези съдебни решения, които се постановяват в обратен на застъпения тук смисъл – тъкмо за да се преодолее тази, според мен, неправилна съдебна практика. Вече е налице и задължителна практика на Върховния касационен съд. В тази насока, в постановеното по реда на чл. 290 ГПК решение 47-2011-IV г. о. на ВКС се приема, че иск, основан на такъв порок, не е с правна квалификация чл. 26 ЗЗД, а чл. 42, ал. 1 ЗЗД, както и че "*[у]пълномощителната сделка е сключена при условията на висяща недействителност...*". Буди обаче недоумение направеното в решение 249-2010-IV г. о. приравняване на относителна и висяща недействителност: "*[з]а разлика от хипотезата на нищожност на договора, сключен при липса на съгласие, договорът, сключен при липса на надлежна представителна власт не е нищожен, а* **относително недействителен** *– правните действия, извършени от лице без представителна власт, не са нищожни, тъй като могат да бъдат потвърдени от представлявания – или налице е* **висяща недействителност** *на сделката до потвърждаването и от лицето, от чието име е сключена, поради което правната квалификация на иск за недействителност на сделка поради липса на представителна власт е по чл. 42 ал. 2 ЗЗД. Въведените в исковата молба твърдения са за сключване на сделка без надлежно учредена представителна власт, което обуславя правна квалификация на иска по чл. 42, ал. 2 ЗЗД.*" Буквално същата аргументация е използвана и в друго задължително решение на ВКС – № 285-2011-III г. о. Касае се обаче за различни особени случаи на недействителност, а не за синоними, както се приема в задължителната практика на Върховния касационен съд. Тази терминологична непрецизност следва да се избягва, а не преповтаря механично в решенията на най-висшата съдебна инстанция, тъй като е в противоречие с утвърдени в теорията на гражданското право понятия.

В решение 956-2001-II г. о. ВКС се касае за правни действия при отпаднала представителна власт и по-конкретно – при оттеглено пълномощно. Въпреки това пълномощникът е продал апартамента на купувач, който е знаел, че пълномощното е оттеглено. В резултат съдът е обявил договора за продажба за нищожен поради липса на съгласие. Разбирането, залегнало в това решение, не може да бъде споделено поради обоснованото по-горе мнение, че се касае за висяща недействителност, а не за нищожност. С оглед на това разбиране, в решение 1276-2000-II г. о. се обосновава, че правните действия, извършени от лице без представителна власт, не са нищожни, тъй като те могат да бъдат потвърдени.[86] Считам, че е contra legem позицията, която отнема възможността мнимо представляваният да ратифицира

---

[86] Розанис, С. Цит. съч., с. 38 неоснователно критикува това разбиране. Авторът се придържа твърдо към позицията, че действията, извършени без представителна власт, са нищожни поради липса на съгласие.

сделката, сключена без или при превишаване пределите на представителната власт.

Вярно е, че пъстротата на практиката трудно се побира в тесните рамки на обобщенията. Може да се стигне до случай, когато мнимо представляваният е починал скоро след сключването на договор от един мним представител, а първият дори да не е подозирал за сключения договор. С такъв случай се е занимал съдът с решение 238-91-II г. о. на ВС и е прогласил нищожността на въпросния договор. Така, според съда, е станало невъзможно потвърждаването на договора от мнимо представлявания по смисъла на чл. 42, ал. 2 ЗЗД. Ала тази фактическа обстановка не противостои на тезата за висящата недействителност. Щом като скоропостижната смърт на мнимо представлявания го е лишила от възможността да се възползва от правото, предвидено в разпоредбата на чл. 42, ал. 2 ЗЗД и да ратифицира договора, то изобщо не биха настъпили правните последици за него.[87] Така също не би се стигнало до несправедливо накърняване на нечии интереси. Последиците, следователно, ще са като на нищожна сделка. Ако се възприеме противното мнение би се стигнало дотам, че видът недействителност би варирал. Когато мнимо представляваният не е имал възможността да потвърди сделката, ще е налице нищожност, а иначе – висяща недействителност. Очевидна е несъстоятелността на едно такова разбиране.

---

[87] Вж. Павлова, М. Цит. съч., с. 613.

Друга хипотеза на сделка, обявена за нищожна поради липса на съгласие, на основание чл. 26, ал. 2, предл. 2 ЗЗД, е когато е била сключена от един от колективните представители на акционерно дружество – решение 125-2006-I т. о. на ВКС. Причината е, че представителството на акционерното дружество в разглеждания случай е колективно, а е упражнено само от един. При колективното представителство представителите действат винаги заедно и трябва да формират обща воля, защото волята на търговското дружество се изразява именно чрез изразената от тях обща воля. Според съда обаче сделката е нищожна на основание чл. 26, ал. 2 ЗЗД – поради липса на съгласие. Сключването на договор от името на дружеството от един от представителите не е, според съдебното решение, сключване на сделка без представителна власт, а нищожна сделка поради липса на валидно формирано съгласие на юридическото лице за сключването й. За да породи тя правното си действие, е необходимо общото съгласие на всички колективно представляващи дружеството лица.

На изразеното в това решение разбиране следва да се възрази. Съдът не отчита разпоредбата на чл. 301 ТЗ, според която когато едно лице действа от името на търговец без представителна власт, **смята се, че търговецът потвърждава действията, ако не се противопостави веднага след узнаването.**[88] Това е една необо-

---

[88] Таков, К. Цит. съч., с. 363 определя тази последица като „автоматична ратификация" или „ратификация чрез бездействие".

рима презумпция, по силата на която мълчанието на търговеца се приравнява на съгласие. Необходимо е търговецът изрично да й се противопостави, за да я лиши от правно действие ex tunc.[89] Противното разбиране – а именно, че сделката е поначало нищожна, би се отразило отрицателно върху динамиката на оборота. В името на принципа favorem validitatis **търговското право се стреми да заздравява правни действия, дори когато са порочни.**[90] Еманация на това разбиране е разпоредбата на чл. 236, ал. 4 ТЗ, което обявява за действителна сделката, сключена в нарушение на ограниченията, предвидени в ал. 1-3 на същата. Освен това, съгласно разпоредбата на *чл. 10, ал. 2 от Директива 2009/101/ЕО на Европейския парламент и на Съвета*, **ограниченията на правомощията на дружествените органи, които произтичат от устава или от решение на компетентните органи, не могат да се противопоставят на трети лица, дори и ако са били оповестени.**[91]

---

[89] Мълчаливото потвърждаване в случаите, когато мнимо представляваният има търговско качество, са възприети и в трайната арбитражна практика – вж. решение по Вътрешно арбитражно дело (ВАД) № 42/1997 г. на АС при БТПП, решение ВАД № 92/1999 г. на АС при БТПП и решение ВАД № 57/1998 г. на АС при БТПП.

[90] Така Герджиков, О. и колектив. Коментар на Търговския закон – книга първа. С., „Софи–Р", 2007 г., с. 178.

[91] Това правило съответства на чл. 9, ал. 2 от отменената вече Първа директива на Европейския съвет 68/151/ЕИО (Директива на публичността).

Съдът е длъжен, на първо място, да тълкува националното право по начин, който да е в максимална степен в съответствие с Директива 2009/101/ЕО и второ – да дава преднина на последната пред правилата на вътрешното право.⁹² В тази връзка будят недоумение разсъжденията, намерили място в решение № 45 от 23.04.2010 г. по дело № 20105400100045 на Окръжен съд–Смолян, в посока на това, че длъжностното лице по регистрацията, респективно съдът не могат да се позовават на цитираната Първа директива, тъй като тя „няма директен ефект при правораздаването в държавите-членки".⁹³

Както вече беше споменато, липсата на съгласие между страните за цената по един договор за покупко-продажба също обуславя нищожност по чл. 26, ал. 2

---

⁹² Така Lenaerts, K., P.V. Nuffel. European Union Law, London: Sweet & Maxwell, 2011 г., p. 907.

⁹³ В същата проблематична линия е и спорният в практиката въпрос дали е действителна разпоредителната сделка с недвижим имот, собственост на дружество с ограничена отговорност, или вещно право върху имота, която е сключена от представляващия дружеството орган, без да има решение на Общото събрание на дружеството, съгласно компетентността му, предвидена в чл. 137, ал. 1, т. 7 ТЗ – вж. по този въпрос Русчев, И. Придобиване и отчуждаване на недвижими имоти от ООД при липса на решение на общото събрание (чл. 137, ал. 1, т. 7 ТЗ). – сп. „Търговско и конкурентно право", 2011 г., № 4. Този проблем предстои скоро да бъде разрешен със задължителна практика на Върховния касационен съд – тълкувателно дело № 3/2013 г., Гражданска и Търговска колегии.

ЗЗД – така се приема и в решение 493-99-II г.о. на ВКС. Това е така, защото същественото съдържание на сделката трябва да бъде определено точно и пълно, а цената, по която се продава вещта, заедно със самата вещ се включват в т. нар. essentialia negotii – същественото съдържание на сделката. Размерът на цената не следва по силата на закона и затова липсата на съгласие между страните за нея обуславя нищожността на сделката по чл. 26, ал. 2 ЗЗД.

Щом като не е налице съгласуване на волите на страните още при сключването на сделката, то тя е нищожна и тази нищожност, която не поражда никакви правни последици, не може да бъде поправена с последващото им съгласуване. Това е така, защото не се касае за незавършен фактически състав, което по-горе вече беше обосновано. В случая на чл. 26, ал. 2 ЗЗД волеизявленията са извършени и завършени, но са били опорочени и затова не са породили правните последици. В противен случай (ако се възприеме разбирането за незавършен фактически състав), както се отбелязва в решение 1709-73-I г. о. на ВС, *„правната сигурност би била твърде много застрашена"*.

## 6. Нищожност поради липса на форма

Следващото основание за нищожност, което е предвидено в разпоредбата на чл. 26, ал. 2 ЗЗД, е липса на предписаната от закона форма за договорите. Чрез правилото на чл. 44 ЗЗД това се отнася и за едностранните сделки. Има се предвид формата за действителност

– ad solemnitatem, а не тази за доказване – ad probationem. Последната не предпоставя недействителност, а е предписана от законодателя, за да могат да се докажат определени юридически факти. В съдебната практика има много случаи на сделки, обявени за нищожни поради липса на форма. Това се предпоставя до голяма степен и от големия брой императивни правни норми, предвиждащи формата като условие за действителност на сделките. Именно законът е този, който чрез императивни правни норми въвежда изисквания за форма ad solemnitatem, а разпоредбата на чл. 293, ал. 2 ТЗ дава такава възможност и на волята на страните в областта на търговското право.

С решение 111-85-ОСГК на ВС е прието, че договорите ще са нищожни, ако не е спазена предвидената по време на сключването им форма, освен ако не бъде призната тяхната действителност с последващ закон, който изрично да придаде обратна сила на новопредписаната форма.

Проблемът за противоречието на сделките с предписаната от закона форма не създава съществени трудности. Както отбелязва ВКС в определение 298-2009-I т. о., разпоредбата на чл. 26, ал. 2 ЗЗД за недействителност на договорите, за които законът изисква форма за валидност, не е неясна или непълна и не се нуждае от допълнително тълкуване.

В решение 1840-78-I г. о. на ВС се приема, че писмената форма на предварителен договор е условие за действителността само за сключване на такъв окончателен договор, за който се изисква нотариална или нотариално заверена форма – чл. 19, ал. 1 ЗЗД. В цитираното решение предварителният договор е обявен за нищожен на основание чл. 26, ал. 2 ЗЗД, тъй като не е спазена предписаната от закона форма, а само в това отношение – когато се сключва за окончателен договор с форма по-тежка от писмената, се изисква писмена такава. При всички случаи устният договор за продажба на един недвижим имот ще е недействителен[94] – така и Тълкувателно решение 94-70-ОСГК на ВС. Когато обаче окончателният договор за прехвърлянето на собствеността на един недвижим имот е нищожен поради липса на предвидената в закона форма, а има всички съществени елементи на предварителен договор за продажба на недвижим имот, за страните по договора могат да се създадат права и задължения от предварителния договор. По същия начин, когато наред с нищожния договор има друго съглашение между страните, което съдържа всички съществени елементи на друга предвидена от закона правна сделка или ненаименувано съглашение, което не е забранено от закона, то ще породи права и задължения за страните.

---

[94] Калайджиев, А. Цит. съч., с. 135 отбелязва, че писмената форма е спазена и в случаите, когато между страните са разменени писма, щом като от тях може да се установи essentialia negotii на предварителния договор.

При тези случаи намира приложение принципът за конверсията на недействителните сделки.[95] Когато обаче предварителният договор за сключване на определен окончателен договор е нищожен, същият не може да стане действителен като обикновено ненаименувано съглашение.

В постановеното по реда на чл. 290 ГПК решение 143-2012-IV г. о. на ВКС се приема, че продажбата на наследство без спазване изискванията за писмена форма с нотариална заверка на подписите на договора, както и без да отговаря на изискванията за валидност на нотариалното удостоверяване, е нищожна. Но погрешното отбелязването на името на един от купувачите при нотариалното удостоверяване не се отразява върху валидността на последното и може да бъде поправено. След като е удостоверено подписването на договора от двамата купувачи на наследството и не се спори между страните, че те са се явили лично пред нотариуса, за да подпишат договора или да потвърдят вече положените подписи, то допусната грешка при нотариалното удостоверяване в имената на единия от тях не води до нищожност на последното и съответно на договора поради липса на предписаната от закона форма.

### 7. Нищожност поради липса на основание

Друга хипотеза за прогласяване нищожност на договорите, предвидена в разпоредбата на чл. 26, ал. 2 от

---

[95] За конверсията вж. Павлова М. Цит. съч., 581-583.

ЗЗД, е липсата на основание за сключване на договора, като основанието се предполага до доказване на противното. Тази хипотеза за нищожност е приложима само при каузалните сделки.[96] Това е така, защото при абстрактните договори правото не се интересува от основанието на договора, респективно на волеизявленията на страните по него. Следователно абстрактните договори няма да са нищожни, щом при тях липсва основание.

Повечето от сделките, при които се предоставя имуществена облага, се считат за каузални.[97] Самото понятие за кауза е спорно и е намирало различни обяснения, но като че ли господстващото определение е, че каузата е типичната непосредствена цел, към която са насочени правните последици на сделката.[98] Други автори приемат, че основанието е не целта на договора, а целта на всяко отделно волеизявление[99] по договора. Считам, че каузата е по-скоро най-непосредствената правна цел на поемането на едно задължение.

---

[96] Някои автори напълно отричат необходимостта от провеждане на делението на каузални и абстрактни договори – вж. Таков. К. Абстрактните сделки..., с. 419-425. Авторът приема, че каузата не е самостоятелно основание за нищожност, а сумарно понятие, свеждащо се до различни основания, които от своя страна пораждат различни правни последици, включително различни от нищожността.

[97] Така Павлова М. Цит. съч., с. 540.

[98] Така Таджер, В. Цит. съч., с. 207.

[99] Така Калайджиев, А. Цит. съч., с. 126 и сл. Същият автор застъпва и тезата, че основанието може да варира.

Най-често разглежданият от съдебната практика случай на прогласяване на сделка за нищожна поради липса на основание е свързан с договора за издръжка и гледане. Така алеаторният договор за прехвърляне на имот срещу задължение за издръжка и гледане се приема за нищожен, когато приобретателят е знаел за тежкото здравословно състояние и близката смърт на прехвърлителя – виж в този смисъл решение 1040-93-II г. о. на ВС. Това разбиране не може да бъде споделено. Невинаги краткият интервал от време между сключването на договора и смъртта на прехвърлителя означава липса на основание, тъй като договорът е алеаторен. Необходимо е такава преценка да се прави за всеки конкретен случай и да се установи имало ли е знание у приобретателя на имота за близко предстоящата смърт на прехвърлителя и злоупотребил ли е той с това. Защото е нормално например прехвърлителят да е сключил именно договор за издръжка и гледане, знаейки, че е болен. Тъкмо тогава той би имал нужда от това да бъде издържан и гледан. Еквивалентността на престациите е субективно разбиране и страните могат да договарят свободно, доколкото договорът не е сключен поради крайна нужда при явно неизгодни условия – чл. 33 ЗЗД.

Необходимо е освен това да бъдат защитавани правата и на двете страни по договора, доколкото – от една страна, договореното не противоречи на закона и на добрите нрави – чл. 9 ЗЗД, а от друга – страните не упражняват правата си в противоречие с интересите на обществото – чл. 8, ал. 2 ЗЗД. Затова не може на всяка цена да се твърди, че един такъв договор е нищожен дори и задължилият се за издръжка и гледане да е знаел за тежкото здравословно състояние на насрещната страна. Още повече, че има хипотези на прехвърлители, които въпреки лошото си здравословно състояние преживяват по-дълго от очакваното. Невъзможно е във всеки един случай да се знае с положителност кога ще последва смъртта.

Не може същевременно да бъде споделена тезата, че правната последица ще е нищожност на договора за издръжка и гледане, когато прехвърлителят по договора за издръжка и гледане е млад човек и има средства, с които да се издържа.[100] Това разбиране е крайно, тъй като младостта и наличието на средства не изключва възможността прехвърлителят да има нужда от чужда помощ за задоволяване на различни негови потребности.[101] Ако възприемем противното, означава да ограничим свободата на договоряне в името на липсващото основание, което всъщност е налице.

В решение 465-2001-II г. о. на ВКС се обосновава разбирането, че щом като вече е сключен договор за прехвърляне на имот срещу задължение за издръжка и гледане, вторият такъв договор, сключен от същия прехвърлител, няма да бъде нищожен поради липса на основание. Това мнение следва да бъде подкрепено, тъй

---

[100] Вж. решение 1001-67-I г. о. на ВС. Това разбиране се критикува в литературата – вж. Павлова, М. Цит. съч., с. 540.
[101] Пак там, с. 541.

като няма основание да се забрани на прехвърлителя да получи допълнителна издръжка и/или гледане, щом такива са му нужни. Трябва да се добави също, че договорът може впоследствие да бъде допълван от страните по него. Това произтича от договорната свобода, която им предоставя чл. 9 ЗЗД. Някои автори считат, че не може да бъде дадено априорно разрешение на въпроса и трябва всеки конкретен случай да се прецени с оглед на различни критерии.[102] Това становище по принцип заслужава одобрение, доколкото възможните случаи на практиката никога не могат да бъдат изцяло предварително предвидени. Но решенията на съда трябва да вземат предвид във всеки случай свободата на договаряне на страните да определят дали, кога и как да се задължават.

От друга страна, в някои съдебни решения се приема, че договор за издръжка, с който не се поема задължение за цялостна издръжка, е нищожен – решение 1881-67-I г.о. на ВС. Това разбиране също не може да бъде безусловно подкрепено. Вярно е, че при възмездните договори има еквивалентно имуществено разместване. Но както вече беше споменато, страните са тези, които определят дали и кога има такова.[103] Понятието „цялостна издръжка", с което борави съдът е обективно, докато разбирането за еквивалентност и

---

[102] Така Розанис, С. Договор за гледане и издръжка. – сп. „Социалистическо право", 1983 г., № 9, с. 61.
[103] Така Калайджиев, А. Цит. съч., с. 117.

равностойност на страните е субективен фактор. Щом като прехвърлителят е преценил, че не се нуждае от цялостна издръжка, неговата воля следва да бъде уважена, а не договорът да бъде обявяван за нищожен на това основание. Обективната граница, установена в закона, ще бъде премината само когато договорът е сключен поради крайна нужда при явно неизгодни условия, но тогава правната последица ще бъде унищожаемост, а не нищожност – чл. 33 ЗЗД.

Второто изречение на чл. 26, ал. 2 ЗЗД въвежда оборимата законова презумпция, че основанието се предполага до доказване на противното. Тя размества доказателствената тежест и този, който претендира нищожността, трябва да докаже и липсата на основание.[104] Вярно е, че последното е нелеко[105], но противното би довело до неоправдана и съществена несигурност в гражданския оборот.

## 8. Заключение и изводи

Изясняването на проблематиката на нищожността има важно практическо и теоретично значение. Това се обуславя от честото поставяне пред правоприложителя на въпроса за приложението на чл. 26 ЗЗД, включително на основанията, предвидени във втората алинея

---

[104] В този смисъл е задължителната практика на ВКС – решение 29-2012-IV г. о., постановено по чл. 290 ГПК, както и задължителното решение 721-2011-IV г. о.

[105] Така Таков, К. Абстрактните сделки…, с. 419-425.

на разпоредбата. Като най-тежък порок нищожността е свързана с това, че нищожната сделка ab initio не поражда правни последици. Затова е необходимо съдът с предпазливост да подхожда към обявяването й за такава, като винаги прави interpretatio in favorem validitatis (тълкуване в полза на валидността) – в още по-голяма степен в случаите, в които става дума за търговскоправни отношения. Нужно е освен отчитането на законодателната уредба, да се вземе предвид и волята на страните с оглед на конвертирането на нищожната сделка, както и предпочитането на частичната недействителност винаги, когато е възможна, щом са спазени изискванията на чл. 26, ал. 4 ЗЗД.

За съжаление, съдът невинаги се съобразява с тези препоръки и нерядко обявява сделки за напълно нищожни, дори когато те не са. Трябва да бъде изоставена неправилната съдебна практика, прогласяваща нищожността на договорите, сключени без представителна власт или при превишаване на пределите й. Нищожността по смисъла на чл. 26, ал. 2 ЗЗД е несъвместима с възможността за ратификация, с която мнимо представляваният разполага. Затова институтът, който има място в тази хипотеза, е висящата недействителност.

За противоречията и неяснотите, които възникват при разграничаването на нищожността по чл. 26, ал. 2 ЗЗД от унищожаемостта по чл. 31, ал. 1 ЗЗД, до голяма степен допринася неточната формулировка на разпоредбата чл. 31 ЗЗД. Поради тази причина е необходимо *de lege ferenda* редакцията й да бъде съобразена с действащото законодателство и стеснена до действителното й приложно поле.

Липсата на волеизявление за сключването на един договор не води до неговата нищожност на основание липса на съгласие, а е налице незавършен фактически състав. За разлика от последния, при нищожната на основание чл. 26, ал. 2 ЗЗД сделка фактическият състав е завършен, волеизявленията на страните са направени, но опорочени и тъкмо заради това не се пораждат правните последици на сделката. Струва ми се, че не може да бъде пренебрегната тази разлика, независимо от дълго време поддържаното от авторитетната правна доктрина разбиране в обратен смисъл.

Следва да се признае самостоятелното значение на каузата като основание за нищожност на сделките. Тя не бива да се отрича, защото тъкмо изискването за кауза е това, което придава сериозност на всяко едно обещание и задължителна сила на съгласието. Тя е последната граница, определяща обвързващата сила на всеки един договор. Каузата компенсира сериозността на намерението за обвързване най-вече при неформалните договори.

Основанията за нищожност, предвидени в разпоредбата на чл. 26 ЗЗД, демонстрират правната непоносимост към най-опорочените сделки. Доброто им познаване и разбиране ще спомогне с внимание да се подхожда към тях като към най-тежките пороци.

# ЧАСТ III

# СТОПАНСКАТА НЕПОНОСИМОСТ

### 1. Въведение и исторически бележки.

Правните субекти винаги сключват един договор при определена съвкупност от обективни фактически обстоятелства, които в една или друга степен трябва да са налице, за да се постигнат целите на договора и които мотивират страните, за да се обвържат. Тези обстоятелства образуват правната основа на договора, неговото основание[106] (Geschäftsgrundlage). Те неизбежно търпят промени от момента на сключването на договора до неговото изпълнение, особено когато този период е по-продължителен, както е обикновено при договорите с трайно изпълнение. Тези промени са част от нормалния ход на живота, а загубите, които те понякога донасят на страните, са част от нормалния риск, който поемат участниците в стопанския живот. В определени перио-

---

[106] Теорията за основата на договора е развита за първи път от П. Ортман (Paul Oertmann) и следва по време теорията на Б. Виндшайд за недоразвитото условие. Ролята на тези двама учени за теоретическото обосноваване на стопанската непоносимост се споделя и в литературата – така Стойчев, К. Измененията на договорните задължения поради промяна в обстоятелствата: исторически и сравнителноправен анализ на възгледа. – Правна мисъл, 1997, № 2, с. 22. Вж. също Калайджиев, А. Облигационно право. Обща част. С.: Сиби, 2007, с. 318.

ди от историята обаче настъпват необикновени смущения в стопанския живот, при които икономическата основа на договора е променена изцяло и настъпват коренни промени в съотношението между насрещните престации. С други думи, това, за което се е задължил длъжникът към момента на сключването на договора, е нещо напълно различно към момента на изпълнението. В този случай стриктното спазване на принципа на точното изпълнение би довело до резултати, които противоречат на справедливостта и добросъвестността. Тъкмо стопанската непоносимост е този институт, който е предназначен да отчете станалите след сключването на един договор[107] непредвидени и непредвидими промени на обективните обстоятелства, които са съществували при сключването му. По този начин се получава съществено противоречие между института на стопанската непоносимост и принципа за задължителната сила на договорите (pacta sunt servanda)[108], прогласен у нас в чл.

---

[107] Предмет на внимание в настоящата статия е институтът на стопанската непоносимост в частното право, но не и в международното публично право. За clausula rebus sic stantibus в международното публично право – вж. Narang, P. Encyclopaedic Dictionary of Business Organization. V. I. New Delhi: Sarup & Sons, 1999, p. 151; Wheaton, H. Elements of international law. London, p. 336.

[108] Неслучайно R. Zimmermann. The law of obligations: Roman foundations of the civilian tradition. New York: Oxford University Press, 1996, p. 579 отбелязва, че clausula rebus sic stantibus осъществява едно от най-опасните посегателства върху принципа pacta sunt

20а от Закона за задълженията и договорите (ЗЗД)[109]. Още повече, че чл. 81, ал. 2 ЗЗД постановява категорично, че обстоятелството, че длъжникът не разполага с парични средства за изпълнение на задължението, не го освобождава от отговорност. Законодателят е предоставил разрешаването на тези противоречия на фактическата преценка на правоприложителя чрез максимално общата формулировка на чл. 307 от Търговския закон (ТЗ).

Исторически институтът е извикан на живот от школата на постглосаторите[110], вдъхновена вероятно от

---

servanda. Това насочва вниманието към необходимостта от внимателното прилагане на института.

[109] Така Стойчев, К. Цит. съч., с. 15.

[110] Това разбиране за произхода на института не е безспорно, макар и да се възприема от преобладаващия брой автори. Вж. Диков, Л. Институтът на clausula rebus sic stantibus в частното право. – Търговско право, 1994, № 1, с. 75. Авторът отбелязва, че не съществуват данни за учението за clausula rebus sic stantibus в римското право и споделя, че мнението, че корените на института трябва да се търсят във времето на постглосаторите, е преобладаващо. Макар и да споменава, че институтът не е познат на римското право, R. Zimmermann. Op. cit., p. 579 пише, че идеи за отклонение от задължителната сила на договорите се съдържат в някои съчинения на римски философи, като например „De officiis" на Цицерон, където е посочено, че вложен меч не се връща на влогодателя, ако последният е полудял. Това е пример за обстоятелства, стоящи извън договора, които, без да има изрична уговорка, водят до отпадане на задължителната сила на договора. Все пак обаче, тези конструкции са твърде далечни от днешната представа за стопанска непоносимост. Затова ми се струва

съчиненията на Цицерон и Сенека[111], която е приемала, че в договорите съществува едно неписано условие (conditio tacita) за непроменимост на обстоятелствата, при които страните се считат обвързани – clausula rebus sic stantibus. Според това разбиране договорът престава да бъде задължителен, при последващо изменение на обстоятелствата, съществували при неговото сключване. Тъкмо отклонението от задължителната сила на договора е и един от най-големите недостатъци на учението за непоносимостта, който обрича това учение на забрава в края на 18. и през 19. век – време, през което идеите за икономическия либерализъм и правната сигурност вземат връх[112]. За последното играе роля и до известна степен изкуственият характер на учението за недоразвитото условие на Б. Виндшайд („Voraussetzungslehre"), опитващо се да обясни стопанската непоносимост[113]. Нуждата от прилагането на непоносимост-

---

пресилено мнението на К. Стойчев. Цит. съч., с. 16. за това, че под влиянието на идеите на римските юристи започват да се оформят контурите на clausula rebus sic stantibus. Вж. и Hartkamp, A., E. Hondius. Towards a European civil code. Nijmegen: Kluwer Law International, 2004, p. 39. Според авторите доктрината за clausula rebus sic stantibus е изградена най-вероятно на римски основи, въпреки че е била непозната на римското право.

[111] Вж. MacQueen, H., A. Vaquer, S. Espiau (Eds.). Regional private laws and codification in Europe. Cambridge: Cambridge University Press, 2003, p. 55.

[112] Така Zimmermann, R. Op. cit., p. 579.

[113] Разбирането за мълчаливо изразено от страните волеизявление под формата на условие, че договорът следва да се измени или прекрати при настъпването на определени обстоятелства, е трудно

та на престациите се поставя по категоричен начин от науката и съдебната практика след първата световна война, особено в загубилите държави, където са се развивали значителни неблагоприятни инфлационни процеси[114]. Понастоящем институтът на стопанската непо-

---

защитимо. От една страна, е трудно да се вмени във воля на страните нещо, което те не са имали намерение да ги обвърже. Иначе те биха го включили изрично в договора. От друга страна, възможността от непредвидена и непредвидима промяна на обстоятелствата, каквато е налице при стопанската непоносимост, е тъкмо заради това непредвидима, защото въобще не е достигнала до съзнанието на страните, когато са сключвали договора, нито са я предвиждали. Това е и причината тази теория да не бъде възприета от създателите на BGB, а оттук – и на целия институт на стопанската непоносимост, за който в BGB не е включено общо правило. Едва през 2002 г., с реформата в немското облигационно право (Schuldrechtsreform), в § 313 BGB е намерила кодифициран израз доктрината за отпадането на правната основа на договора (Wegfall der Geschäftsgrundlage). Освен това, неправилно акцентът се поставя върху несбъдването на предполаганото от страните развитие на нещата, а не на самото изменение, респ. неизменение на обективните дадености.

[114] След Първата световна война в Германия се развива доктрината за отпадането на правната основа на договора (Wegfall der Geschäftsgrundlage), която продължава да бъде споделяна в немското договорно право и през втората половина на 20. век – така: Zimmermann, R.. Op. cit., p. 582, а от 2002 г. е кодифицирана в § 313 BGB. Наименованието на доктрината се свързва с факта, че при промяната на обстоятелствата е разрушена цялата договорна основа. Тази доктрина обаче обосновава наличието на непоносимост при засягане както на обективната, така и на субективната основа на договора. Докато българската правна система не приема, че ще се прилага чл. 307 ТЗ при грешки в

носимост е отново актуален във време на световна икономическа криза, когато инфлационните процеси могат да доведат до съществено нарушаване на еквивалентността на насрещните престации. Въпреки това обаче, съдилищата у нас са предпазливи и прилагането на института е рядкост. Това причинява допълнителни трудности в изясняването на непоносимостта, тъй като практиката е тази, която следва да запълни бланкетната празнина в относително определената норма на чл. 307 ТЗ.

## 2. Същност, конститутивни белези, фактически състав и ред за упражняване.

**2.1. Същност.** Общите предпоставки за приложението на института на стопанската непоносимост са закрепени нормативно в чл. 307 ТЗ[115], а именно – да са

---

субективните възприятия на страните. Във Великобритания, от своя страна, широко разпространение добива понятието безрезултатност (frustration) на договора, включваща стопанската непоносимост и невъзможността за изпълнение в най-широк смисъл. Още тук следва да се отбележи, че непоносимостта е институт, различен от невъзможността за изпълнение, тъй като при нея изпълнението е възможно, но крайно обременително за длъжника – ТР 2-97-ОСГК. Въпреки това, в някои решения на Германския имперски съд (Reichsgericht) от началото на миналия век, се застъпва разбирането, че стопанската непоносимост представлява икономическа невъзможност за изпълнение, която се приравнява на юридическа такава.

[115] Разпоредби, касаещи стопанската непоносимост, се съдържат и в други закони. Така, съгласно чл. 16, ал. 1 от Закона за арендата в

настъпили такива обстоятелства, които страните не са могли и не са били длъжни да предвидят, и запазването на договора да противоречи на справедливостта и добросъвестността. Разпоредбата е твърде общо формулирана[116], което дава голяма свобода на съда при фактическата преценка за това дали запазването на договора такъв, какъвто е, противоречи на правилата на справедливостта и добросъвестността в гражданския оборот. Все пак обаче, въпреки дадената на правоприложителя възможност да доразвива нормата на чл. 307 ТЗ, е необходимо да бъдат изведени критерии, макар и общи, които да поставят приложението на института в определени правни рамки. Последното е необходимо, за да има сигурност в оборота и, от една страна, да не се допусне твърде широкото прилагане на института, а от друга – да не се препятства възможността той да изиг-

---

земеделието (ЗАЗ), ако след сключване на договора за аренда обстоятелствата, от които страните са се ръководили при уреждане на отношенията си, се изменят трайно и това доведе до очевидно несъответствие между поетите от тях задължения, всяка от страните може да поиска изменение на договора. Чл. 266, ал. 2 ЗЗД съдържа частна хипотеза на възстановяване на еквивалентността на престациите.

[116] Нормата е относително определена (ius aequum) – така Матеева, Е. Необходими промени в уредбата на стопанската непоносимост по чл. 307 от Търговския закон. – Във: Съвременното право – проблеми и тенденции. С.: Сиби, 2011, с. 243. Повече за относително определените норми – вж. Павлова, М. Гражданско право – обща част, С., 2002, с. 115.

рае своята роля като коректив за повече справедливост при изпълнение на правните задължения.

*Стопанската непоносимост като институт се свързва с настъпването на непредвидени и непредвидими обстоятелства от извънреден характер, причиняващи прекомерно и противоречащо на правилата за честност, почтеност и коректност несъответствие между престациите на страните по един двустранен договор, в резултат на което възниква защитимо по съдебен ред субективно потестативно право на засегнатата страна да иска изменение на договора или прекратяването му изцяло или отчасти.*

Интересно е съотношението между включената в един договор клауза за непроменимост на обстоятелствата и нормата на чл. 307 ТЗ. Следва да се изясни дали винаги договорната клауза има предимство пред общата норма на чл. 307 ТЗ и какъв е характерът на нормата. Ако страните са уговорили по-широко приложно поле на клаузата от това в закона – например, че договорът ще се измени не само когато запазването му противоречи на добросъвестността и справедливостта, но и когато има определен по-нисък процент на инфлация, то тогава ще се приложи уговореното между страните. Те могат да се съгласят също, че договорът ще се измени или прекрати например при изгубено доверие между тях, когато съглашението е intuitu personae. Но се поставя въпросът какво ще е приложението на института ако страните са се споразумели изрично, че договорът ще се запази в първоначалния вариант, независимо от последвалото изменение на обстоятелства или поставят такива изисквания за изменение, респ. прекратяване на договора, че фактически да препятстват прилагането на стопанската непоносимост. Смятам, че такава договорка не може да изключи действието на чл. 307 ТЗ. Една от характерните черти на стопанската непоносимост е да служи като коректив на принципа за задължителната сила на договорите (pacta sunt servanda). Когато запазването на договора в първоначалния му вариант противоречи на принципите на справедливостта и добросъвестността, то не може да се отдаде приоритет на rigor iuris (твърдостта на правото) и на pacta sunt servanda. Нормата на чл. 307 ТЗ в тази си част е създадена в полза на поставената в икономически обременено положение страна и следователно – в обществен интерес. Това означава, че могат да бъдат уговаряни по-благоприятни условия за засегнатата страна, но не и да се поставя преграда пред прилагането на чл. 307 ТЗ. Страните могат да разширят приложното поле на института, но не и да го стеснят, лишавайки по този начин по-слабата страна от защита, а оттук – и обезсмисляйки целия институт. Следователно нормата на чл. 307 ТЗ е диспозитивна със задължителна граница[117] – тя поставя праг, след който винаги е налице стопанска непоносимост, а именно – запазването на договора след настъпването на

---

[117] Вж. за диспозитивните норми със задължителна граница Павлова, М. Цит. съч., с. 111.

непредвидените и непредвидими обстоятелства да противоречи на справедливостта и добросъвестността. Обратното мнение се застъпва в шестото издание на учебника по облигационно право на проф. А. Калайджиев[118]. Според автора правилото на чл. 307 ТЗ не е императивно и не е създадено в обществен интерес. Единственият аргумент, който се използва е, че щом правилата за случайно събитие и непреодолима сила могат да бъдат дерогирани от волята на страните, значи и приложението на разпоредбата на чл. 307 ТЗ може да бъде стеснено и дори изключено. Но на това разбиране могат да бъдат противопоставени няколко реда възражения.

Както разпоредбата на чл. 307, така и тази на чл. 306 ТЗ са създадени в обществен интерес и следователно имат императивен характер. На първо място, ако се приеме противното, означава, че икономически по-силната страна може да наложи на другата страна тя да поеме редица рискове, стеснявайки своята отговорност. Едва ли има някакво съмнение, че тя ще се възползва от тази възможност, ако се приеме разбирането, че цити-

---

[118] Калайджиев, А. Облигационно право. Обща част. С.: Сиби, 2013, с.334. До известна степен е вярно съждението, изразено в определение № 988 от 31.07.2009 г. по гр. д. № 479/2009 г., г. к., IV г. о. на ВКС, че „страните по договора могат да прехвърлят риска... дори за последиците от действието на непреодолима сила", но не може да се сподели застъпеното мнение в решение № 219 от 17.12.2004 г. по гр. д. № 518/2004 г. на Ямболски окръжен съд, че договарящите могат да преодолеят правилата, касаещи случайното събитие и непреодолимата сила, със самия договор – чл. 20а ЗЗД – мнение, което повтаря и проф. Калайджиев.

раните норми са диспозитивни. А така ще се обезсмисли съществуването и на двата института.

Не може да бъде стесняванo или дори изключвано приложението на чл. 306 и 307 ТЗ, както и да бъде възложен рискът на нетърговец (който често е икономически по-слабата страна) тъкмо поради императивния характер на разпоредбите. Проф. Калайджиев пропуска и факта, че когато се касае за потребителски договор, ще е налице неравноправна клауза, доколкото е налице някое от изискванията на чл. 143 от Закона за защита на потребителите (ЗЗП). Няма съмнение, че ако се възприеме позицията на проф. Калайджиев, ролята на институтите да бъдат коректив на pacta sunt servanda в извънредни ситуации ще бъде обезсмислена.

**2.2. Наличие на двустранен договор.** Нормативната уредба дава възможност да се изведат основните елементи на фактическия състав на стопанската непоносимост, но част от белезите се извеждат от доктрината и от съдебната практика, поради оскъдната уредба в закона. На първо място, необходимо е да има сключен договор от типа на двустранните престационни договори[119], тъй като само при тях е възможно да бъде нарушена еквивалентността на насрещните престации. Договорът трябва да не е нищожен, а ако е унищожаем – да не е унищожен. Същевременно някои престижни

---

[119] Така Матеева, Е. Цит. съч., с. 234.

частноправни кодификации, какъвто е Законът-модел за европейското частно право (Model Rules of European Private Law), разпростират приложението на стопанската непоносимост и по отношение на правоотношения, породили се от едностранни сделки – чл. III-1:110, ал. 2 DCFR (Draft Common Frame of Reference)[120]. Прилагането на стопанската непоносимост и по отношение на едностранните сделки не може да бъде споделено не само защото чл. 307 ТЗ ограничава приложното поле до договорите, но и защото разбирането противоречи на самата същност на института. Стопанската непоносимост е призвана да коригира последиците от онези големи, непредвидени и непредвидими трудности, които разместват из основи еквивалентността на насрещните престации при двустранните синалагматични договори, при които всяка страна е длъжник на другата[121]. Само при двустранните договори възникват насрещни задължения, при които е възможно да има еквивалентност. Това разбиране е свързано с т.нар. теория за еквивалентността на престациите при двустранните договори на

---

[120] Пак там, 234-235. Вж. и von Bar, Ch., E. Clive, H. Schulte-Nölke, H. Beale, J. Herre, J. Huet, M. Storme, S. Swann, P. Varul, A. Veneziano, F. Zoll (Eds.). Principles, Definitions and Model Rules of European Private Law: Draft Common Frame of Reference (DCFR). Outline Edition. Munich: Sellier. European law publishers, 2009, p. 579.

[121] Така Герджиков О. Търговски сделки, С.: Труд и право, 2008, с. 55. В този смисъл е и определение 780-2009-I т.о.

немския юрист Крюкман (Krückmann)[122]. Най-вероятно авторите на цитираната кодификация са имали желанието да не изключват a priori теоретичното приложение на clausula rebus sic stantibus при едностранните сделки. Но практическото осъществяване на това разбиране няма как да стане факт.

**2.3. Непосредствени и опосредени цели на страните.** За да бъде разбран правилно институтът на стопанската непоносимост е необходимо да се разбере основанието за поемането на задължението от страна на длъжника в един двустранен синалагматичен договор. Целите, поради които длъжникът се задължава, са най-общо два вида – непосредствена и опосредена цел[123]. Непосредствената цел е получаването на насрещната престация от другата страна по договора, а опосредената – реализиране на икономическа печалба. Последната е по принцип ирелевантна за правото. Това е така, защото иначе би се накърнил принципът на правната сигурност, а позоваването на по-далечни цели от страните, освен че би затормозило стопанския оборот, би могло да доведе до злоупотреба с права. В същото време обаче опосредената цел е основанието за прилагането на института на стопанската непоносимост, онзи ико-

---

[122] Вж. Стойчев, К. Цит. съч., 21-22; Диков, Л. Институтът на clausula rebus sic stantibus в частното право (прод. от бр. 1/1994 г.). – Търговско право, 1994, № 2, 60-61.

[123] Така Диков, Л. Институтът на clausula rebus sic stantibus в частното право – Търговско право, 1994, № 1, с. 69. Авторът говори за непосредствена и посредствена цел на страните.

номически критерий, който служи за преценка на това дали запазването на договора противоречи на справедливостта и добросъвестността. Тъкмо опосредената цел е мотивът на длъжника да получи насрещната престация. И ако последната се е обезценила, тази цел няма как да бъде постигната, а сключването на договора би се обезсмислило за длъжника. С други думи, в някои случаи длъжникът може да получи нещо напълно различно, от това, което са предвиждали страните, макар и формално полученото да отговаря на уговореното в договора. Тук не става дума за загуби, които са резултат на нормален стопански риск, който страните обичайно предвиждат, а ако не са го предвидили, са били длъжни да го направят. В случая се касае за промени, които надвишават по степен онези, които обичайно стават. Промените в икономическите условия са от такова естество, че са засегнали цялата стопанска основа на договора, с оглед на която страните по него са уговорили своите престации.

**2.4. Еквивалентност на престациите.** Еквивалентността на престациите следва да се преценява като се отчита тази опосредена икономическа цел на длъжника. Не трябва да се забравя, че страните по договора преценяват доколко и кога насрещните престации при определен договор имат еквивалентен характер. Преценката за еквивалентността на имущественото разместване се основава на икономически и субективни, а не на обективни критерии[124]. С други думи, нашата гражданскоправна теория е възприела разбирането за субективната еквивалентност. От преценката на страните зависи дали е налице равноценност на престациите, а не от обективното им аритметично съпоставяне, разбира се, доколкото не е налице крайна нужда – чл. 33 ЗЗД. Във времево отношение се касае за последваща, неочаквана нееквивалентност, която възниква по-късно – към момента на изпълнението, а не за уговорена, респ. очаквана такава. По това тя трябва да се различава от т.нар. изначална нееквивалентност, намерила място в чл. 33 ЗЗД[125]. В същото време, институтите на laesio enormis и на clausula rebus sic stantibus са от малкото случаи в нашето право, когато нееквивалентността на престациите е основание да се допусне отклонение от иначе непоклатимото разбиране за обвързващата сила на договорите.

**2.5. *Стопанска* непоносимост.** За стопанския характер на непоносимостта указва заглавието на разпоредбата на чл. 307 ТЗ. Но съдържанието на самия текст на пръв поглед изглежда, че сякаш е по-тясно от това на заглавието – в него се говори за настъпили „обстоятелства", без да се уточнява техният характер. Това дава основание на някои автори да тълкуват по-широко непоносимостта и да отнесат приложението ѝ освен на

---

[124] Така Калайджиев, А. Цит. съч., 116-117.

[125] Вж. Таков, К. Предварителни договори – някои неизяснени аспекти. – Търговско право, 2004, № 1, 32-62.

плоскостта на стопанските причини, и относно нравствени причини като изгубено доверие между страните при договорите intuitu personae[126]. Това мнение трудно може да бъде споделено. От една страна, ако законодателят не е уточнил стопанския характер на измененията в самия текст на разпоредбата, то е защото го е направил в заглавието, избягвайки последващо повторение[127]. От друга страна, основната функция на стопанската непоносимост, в съвременния си вариант, е да осигури именно икономическа еквивалентност на уговорените престации. Вярно е, че исторически доктрината за clausula rebus sic stantibus е обосновавала съществуването на едно предполагащо се условие за непроменимост на обстоятелства от всякакъв характер, включително извън стопанската сфера[128]. Впрочем и сега страните по един

---

[126] Пак там. Авторът не привежда допълнителни аргументи в подкрепа на своята теза.

[127] Съгласно чл. 29 от Указ № 883 за прилагане на закона за нормативните актове (УПЗНА) заглавието на даден член от кодекс или закон „изразява неговото главно съдържание". Тълкуването на разпоредбите с помощта на наименованието на структурните единици, където те се намират, изразява тълкувателната техника „a rubrica" – вж. Ташев, Р. Теория на тълкуването. С.: Сиби, 2007, с. 231.

[128] Такъв е и примерът, даден от Цицерон в „De officiis", когато даденият във влог меч не се връща на влогодателя, щом като последният е полудял: "Si gladium quis apud te sana mente deposuerit, repetat insaniens, reddere peccatum sit, officium non reddere" – вж. Crowe, M. B. The Changing Profile of the Natural Law. Great Britain: Springer, 1977, p. 189. Вж. и Schermaier, M. Mistake, Misrepresentation and Precontractual Duties to Inform: The Civil Law

договор могат да включат такава клауза изрично в договорите, които сключват, за да защитят интересите си. Тяхната воля по принцип би могла да се извежда и по пътя на тълкуването на договорите, щом като те не са я изразили изрично – чл. 20 ЗЗД. Но ми се струва пресилено извеждането на мълчаливо включено в договора условие за непроменимост на обстоятелствата, като изгубено доверие например, именно защото волята за такова условие не е била налице към момента на сключването. С други думи, страните биха го уговорили изрично, ако са предвиждали такава промяна, а ако тя е била непредвидима – как бихме извеждали тълкувателно нещо, което не е било част от съзнанието и волята на страните при сключването на договора? От друга страна, ако впоследствие е налице воля у страните за изменение или прекратяване на договора, поради изгубено доверие, те разполагат с други правни средства. Тъкмо за да избегне проблемите при прилагането на института, извън случаите когато страните са включили в договорите си клаузи за непроменимост на обстоятелствата, законодателят регламентира *стопанската* непоносимост в чл. 307 ТЗ, оставяйки поле на страните да се споразумеят за нещо друго дотолкова, доколкото не

---

Tradition. In: Sefton-Green, R. Mistake, Fraud and Duties to Inform in European Contract Law. Cambridge: Cambridge University Press, 2005, p. 58. Това е едно изключение от принципа за връщане на даденото на собственика на една вещ, когато той я поиска, тъй като иначе връщането би било опасно (за самия него и за околните) и неразумно.

слизат под минималната защита, давана от разпоредбата.

**2.6. Приложимост при дългосрочните договори – със задължения за трайно или еднократно изпълнение.** Някои автори ограничават приложното поле на института само при договорите с продължително или периодично изпълнение[129], тъй като само при тях е възможно настъпването на съществена промяна, релевантна за стопанската непоносимост[130]. Това разбиране не може да бъде безрезервно споделено. Вярно е, че институтът намира основно приложение при този тип договори, поради по-продължителното им действие. Но не може да се отрече възможността за проявление на стопанската непоносимост при договорите, респ. задълженията за еднократно изпълнение. От една страна, и при тях е възможно действието им да протече през по-продължителен период, например когато изпълнението им е обусловено от настъпването на условие. От друга страна, самата промяна може да е внезапна и едновременно с това непредвидима – например при избухване

---

[129] По-точно е да се говори за *задължения* за продължително и периодично изпълнение, които са разновидности на по-общия вид задължения за трайно изпълнение, макар и чл. 88, ал. 1 ЗЗД да говори за *договори* за продължително и периодично изпълнение – така Калайджиев, А. Цит. съч., с. 173. Това е така, тъй като в един договор страните може да са поели задължения и за трайно, и за еднократно изпълнение.

[130] Така Герджиков, О. Цит. съч., с. 55. Вж. и Стайков, И. Институтът на clausula rebus sic stantibus в действащото българско търговско право. – Съвременно право, 1998, № 1, 71-81.

на война или настъпване на природно бедствие. Може да се обобщи, че практическото приложение на стопанската непоносимост е най-често при задълженията за трайно изпълнение и при договорите, изпълнението на които е отложено с модалитет[131], които могат да бъдат обозначени с понятието дългосрочни договори[132].

**2.7. Приложимост и в гражданскоправните отношения.** Същевременно, въпреки че уредбата се намира в систематичното място на Търговския закон, посветено на търговските сделки, почти общоприето е в литературата, че изпълнението може да е непоносимо и при гражданскоправните договори, тъй като принципите на справедливостта и добросъвестността са общи за гражданското право – чл. 12; чл. 59, ал. 1; чл. 63, ал. 1 ЗЗД. Затова не може да се сподели позицията, че ЗЗД остава верен докрай на принципа за задължителната сила на договора, когато престацията е възможна, докато други специални закони – Търговският закон и Законът за арендата в земеделието, смекчават тази категоричност, като уреждат института на стопанската непо-

---

[131] Вж. Диков, Л. Институтът на clausula rebus sic stantibus в частното право (прод. от бр. 1/1994 г.)..., 65-66. Авторът дава казус, стоял на вниманието на Германския имперски съд (Reichsgericht) през 1921 г., който включва договор за продажба с условие. Съгласно последния, страните са уговорили като време за изпълнение деня, в който ще са изминали 45 дни от момента, в който бъде вдигната блокадата на Германия.

[132] Вж. Стойчев, К. Цит. съч., с. 21.

носимост[133]. Вярно е, че чл. 81, ал. 2 ЗЗД установява правилото, че когато задължението е парично, а оттук – и за родово определени вещи, то е винаги възможно, а длъжникът не се освобождава от отговорност. Но това е принципът, а от него има изключения като непреодолимата сила и случайното събитие. При стопанската непоносимост задължението на длъжника е все още възможно, но запазването на дълга в същата степен противоречи на принципите на справедливостта и добросъвестността. В този смисъл, изключението от принципа, че длъжникът не се освобождава от отговорност, намира проявление и при стопанската непоносимост. Щом като чл. 307 ТЗ се отнася до търговците, които са професионалисти и разполагат с по-голям опит да предвиждат риска в стопанския оборот, то на още по-голямо основание това правило трябва да важи и за нетърговците, при които появата на такава нееквивалентност на престациите би било още по-несправедливо и противоречащо на добросъвестността. Общоприето е в литературата, че някои по-нови правила на търговското право, се прилагат и за гражданското право – такива са непреодолимата сила, стопанската непоносимост и други[134]. Това се обуславя от двупосочната генетична и функционална връзка, която съществува между гражданското и търговското право.

---

[133] Пак там, с. 21.

[134] Така Калайджиев А. Търговско право – обща част. С.: Труд и право, 2010, с. 17.

Нещо повече, допълнителен аргумент за приложимостта на института на стопанската непоносимост в гражданскоправните отношения е и наличието на специални правила в ЗЗД. Така, чл. 266, ал. 2 ЗЗД може да се определи като частна хипотеза на стопанската непоносимост. Според това правило, ако през време на изпълнението на договора надлежно определената цена на материала или на работната ръка бъде изменена, възнаграждението се изменя съответно, макар и да е било уговорено изцяло. От общата разпоредба на чл. 307 ТЗ, то се отличава с по-тясното си приложно поле, а именно, че (1) се отнася до договора за изработка, когато при настъпило изменение на (2.1) цената на материала и/или (2.2) на работната ръка, се (3) изменя възнаграждението на изпълнителя (но не се прекратява договорът). Друго правило, даващо възможност на длъжника да унищожи договора, макар и престацията да е възможна, е чл. 33 ЗЗД[135]. Включването на приложното поле на стопанската непоносимост в гражданското право като цяло е необходимо с оглед на това да се намери балансът между справедливостта и rigor iuris (твърдостта на правото), и в гражданскоправните отношения[136].

---

[135] За разлика от стопанската непоносимост обаче, където нееквивалентността на престациите настъпва впоследствие – след сключването на договора, но преди изпълнението, то при крайната нужда се касае за начална нееквивалентност.

[136] Вж. Zimmermann, R. Roman law, contemporary law, European law: the civilian tradition today. New York: Oxford University Press, 2001, p. 81.

**3. Промени на първоначалните обстоятелства.** Необходимо е да бъдат характеризирани и промените на обстоятелствата, които са релевантни за стопанската непоносимост. Основната причина за твърде общото формулиране на института в закона е, че определянето по нормативен път на причините, които могат да предизвикат промяна на обстоятелствата, е невъзможно да стане по позитивен път. От една страна, не е възможно изброяване на досега известните причини, тъй като дългият списък повече би затруднил правоприложителя, отколкото би му помогнал, а в същото време би бил винаги непълен. От друга, немислимо е да се предвидят онези причини, които биха се появили в бъдеще[137].

**3.1. Промените да не са причинени от страните.** Безспорно е обаче, че промените на обстоятелствата не трябва да бъдат следствие от деяния на договарящите страни, които искат да се ползват от института на стопанската непоносимост[138]. Ако това разбиране не е изразено в закона, то е поради неговата очевидност. Ако страната, която се позовава на непоносимостта, е причинила изменението на обстоятелствата, то изменението на обстоятелствата, макар и в нейна вреда, няма да представлява основание за прилагането на института.

---

[137] Така Диков, Л. Институтът на clausula rebus sic stantibus в частното право. – Търговско право, 1994, № 1, 76-77.
[138] Пак там, с. 77. Авторът не привежда допълнителни аргументи в подкрепа на тезата си, тъкмо поради нейната очевидност.

От една страна, в този случай запазването на договора няма да противоречи нито на справедливостта, нито на добросъвестността, както изисква чл. 307 ТЗ, защото е налице злоупотреба с право[139]. Позоваването на чл. 307 ТЗ е именно намерение за увреждане на другата страна по смисъла на чл. 289 ТЗ и е израз на субективната теория за злоупотреба с право, изразена в ТЗ. От друга страна, изискването за непредвидимост на нововъзникналите обстоятелства, което чл. 307 ТЗ дава, указва на факта, че тези нови обстоятелства са външни на страните. Щом като те са били извън волята на договарящите страни при сключването на договора, то няма как те да се причинят от самите договарящи. С други думи, няма как едно лице да твърди непредвидимост на промяната и едновременно с това то да я е причинило.

**3.2. Промените да са извън сферата на влияние на страните.** Освен това, за да намери приложение стопанската непоносимост, трябва променените обстоятелства не само да са извън контрола на длъжника, но и да са извън неговата сфера на влияние, в рамките на която той носи отговорност за поетия от него риск (Risikosphäre)[140]. Това е свързано с факта, че стопанската дейност е рискова и в определени случаи е нормално правните субекти да търпят определени загуби. Когато те са могли да предвидят, че е твърде вероятно да нас-

---

[139] Повече за злоупотребата с право – вж. Павлова, М. Цит. съч., 211-214.

[140] Вж. Beatson, J., D. Friedmann. Good faith and fault in contract law. New York: Oxford University Press, 1997, p. 183.

тъпят съществени изменения на обстоятелствата[141] и са имали възможност да избегнат техните неблагоприятни последици като (1) не се обвържат или (2) като включат клаузи за непроменимост на обстоятелствата в договорите, които сключват, не е допустимо те да искат изменение или прекратяване на договора на основание чл. 307 ТЗ. Сферата на влияние има две проявления, които служат за критерий за преценка относно наличието на непоносимост на престацията. От една страна, когато промените са били в сферата на влияние на длъжника, той е длъжен да ги предвиди, съгласно изискването на чл. 307 ТЗ. От друга страна, тази сфера отчита и размера на станалите промени. До определена степен те са част от нормалния риск, който обичайно поемат стопанските субекти и са неизбежно съпътстващи нормалния ход на живота. Макар и да не е определено като изискване в Търговския закон, измененията трябва да са *значителни* и да водят до *изключителна* диспропорция в насрещните престации или, ако се използва терминологията на чл. 6:111, ал. 2 от Принципите на европейското договорно право (PECL) – изпълнението на дого-

---

[141] Вж. Диков, Л. Институтът на clausula rebus sic stantibus в частното право (прод. от бр. 1/1994 г.)..., 65-66. Авторът дава за пример случай от 1921 г. в Германия, при който Германският имперски съд (Reichsgericht) отказва да приеме твърденията на длъжника за хипотеза на стопанска непоносимост, тъй като при сключването на договора войната се е била затегнала и той е могъл да отчете възможните икономически промени.

вора да стане извънмерно обременително[142] (excessively onerous).

**3.3. Промените да следват сключването на договора и да предхождат неговото изпълнение.** В същото време, промените на обстоятелствата трябва да са настъпили след сключването на договора, защото в противен случай няма да бъдат непредвидени и непредвидими, освен ако страните не са били в грешка в мотивите за сключването на сделката или в преценката за икономическата ѝ целесъобразност. А липсата на субективна основа на договора не е релевантна за стопанската непоносимост в нашата правна система, за разлика от немската например[143]. Субективната основа на договора са обстоятелствата, които са били очевидни в преговорния процес и които са накарали страните да сключат договора, докато обективната основа са обстоятелствата, които логично трябва да са налице, за да се постигнат целите на договора[144]. За началната нееквивалентност на престациите е предвидено друго правно средство, а именно унищожаването на договора поради крайна нужда – чл. 33 ЗЗД. Но ако се касае за търговска сделка, сключена между търговци, дори и този правен институт не може да бъде използван – чл. 297 ТЗ.

---

[142] Вж. Закон за задълженията и договорите. Поредица джобни издания. Съст., прев. и анот. К. Таков, 7. изд., С: Сиби, 2010, с. 282.

[143] Вж. Матеева, Е. Цит съч., 241-242. Неправилната преценка за изгодността на един договор не може да бъде компенсирана с последващо позоваване на чл. 307 ТЗ.

[144] Така Beatson, J., D. Friedmann. Op. cit., p. 184.

Необходимо е промените на обстоятелствата да са станали преди окончателното изпълнение на договора, когато правоотношението между страните е вече прекратено. Проф. Л. Диков поставя въпроса какво е положението когато е сключен един двустранен договор, при който едната страна е изпълнила своите задължения, а другата още не е[145]? Като се изхожда от факта, че изпълненото задължение стои в икономическа зависимост с насрещната престация и че то е изпълнено, за да се получи тази престация, която е еквивалентна на даденото или направеното, следва да се приеме, че не бива да се изключва приложението на института в този случай. Ако приемем обратното означава да накажем длъжника не защото не са налице елементите на фактическия състав на непоносимостта, а защото последният добросъвестно е изпълнил задължението си. А ако не е изпълнил – да може да иска изменение, респ. прекратяване на договора. Не съществуват убедителни правно-догматични и правно-политически аргументи в полза на това разбиране. Затова следва да се възприеме тезата за допустимостта на стопанската непоносимост във въпросния случай, тъй като договорното правоотношение не е прекратено, от една страна, а от друга – запазването му в първоначалния вариант противоречи на справедливостта и добросъвестността по смисъла на чл. 307 ТЗ.

---

[145] Вж. Диков, Л. Институтът на clausula rebus sic stantibus в частното право. – Търговско право, 1994, № 1, 77-78.

**3.4. Обективен характер на промените.** Релевантните промени следва да са обективно съществуващи. Те могат да се случат в действителността в две проявления. От една страна, това е случаят, когато обективно съществувалите при сключването на един договор обстоятелства са се изменили след това, а от друга – когато дадени обстоятелства според обичайния ход на нещата е трябвало да се променят, а неочаквано това не е станало. Ирелевантни са субективните очаквания на страните и промените в тяхното съзнание. Това разбиране е свързано с неприложимостта на доктрината за отпадането на субективната основа на договора у нас (вж. **3.3.**).

**4. Възможност на изпълнението. Отлика от непреодолимата сила и случайното събитие.** За да се приложи институтът на непоносимостта е нужно същевременно, както се отбелязва в решение от 17.07.2009 г. по ВАД № 91 от 2009 г. на АС при БТПП, изпълнението да е *възможно*, тъй като стопанската непоносимост е институт, който е различен и субсидиарен на случайното събитие и непреодолимата сила. Това произтича от същностната разлика между тези институти, която следва да бъде разгледана, за да не се допуска смесване. В този смисъл не може да бъде споделено изразеното в р. 255-2002-V г.о. характеризиране на института на стопанската непоносимост, според което след сключване на договора настъпват такива непредвидени и *непреодолими* обстоятелства, които поначало не правят невъзможно изпълнението, но самото изпълнение би довело до несправедливо и в противоречие с добросъвестността състояние за длъжника. Вярно е, че изпълнението е все още възможно след изменението на условията, но характеризирането на обстоятелствата като непреодолими е релевантно за непреодолимата сила и случайното събитие, но не и за стопанската непоносимост[146]. Основната разлика между тези институти е, че при първите два[147] изпълнението е съвършено невъзможно, а при clausula rebus sic stantibus – просто по-обременително. Така, при случайното събитие и непреодолимата сила има същинска невъзможност за изпълнение, а не просто трудности за длъжника, които могат да се преодолеят, макар че са прекомерно обременителни за него. В същото време, при задълженията за родово определени вещи длъжникът по принцип не може да изпадне в невъзможност за изпълнение, тъй като той винаги може да си ги набави, дори и в даден момент да не разполага с такива[148]. Обратно, и преста-

---

[146] Като че ли смесва clausula rebus sic stantibus с vis major и Д. Тончев. Коментар върху Закона за задълженията и договорите. Том V. С.: Книжарницата Ц. Н. Чолаков, 1930, с. 199.

[147] Още по-точно е да се каже, че непреодолимата сила е квалифициран случай на случайното събитие – така Калайджиев, А. Облигационно..., с. 316.

[148] От правилото, че родът не погива, съществуват изключения. Възможно е всички вещи от даден род да погинат, особено ако са малък брой. Но това важи най-вече, когато вещта е определена в договора много подробно и тясно.

ции за родово определени вещи може да са стопански непоносими.

**5. Непредвиденост и непредвидимост на изменението.** Непредвидеността и непредвидимостта на последващото изменение на обстоятелствата трябва да са налице, за да се прояви институтът на стопанската непоносимост. Непредвидеността се свързва с фактическата, реална и конкретна липса на представа у страните относно бъдещите изключителни промени на икономическите условия, докато непредвидимостта включва в себе си два аспекта, които трябва едновременно да са налични – (1) страните да не могат нормално и логически да очакват такива промени при конкретната фактическа обстановка и (2) да не са били длъжни да го сторят. Вторият аспект на непредвидимостта логически предпоставя първия. От друга страна, непредвидимостта на обстоятелствата води закономерно до тяхната непредвиденост, тъй като ако страните не са били във възможност да предвидят измененията на стопанските условия, то няма как реално да са го направили. Обратното обаче не е вярно – възможно е страните по договора фактически да не са предвидили промените, макар и да са могли и/или да са били длъжни да го направят. Това навежда на заключението, че по отношение установяване на наличието на стопанска непоносимост непредвидимостта е логическият prius, а непредвидеността – posterius. Иначе казано, щом като правоприложителят установи непредвидимост, значи и двете категории са налице.

Тъкмо заради това нашият законодател поставя акцента върху непредвидимостта, като разпоредбата на чл. 307 ТЗ субсумира като релевантни за непоносимостта обстоятелства, които страните едновременно не са могли и не са били длъжни да предвидят. Това е едно от проявленията на разбирането за сфера на влияние, респ. риск (Risikosphäre) на страните, в рамките на която те могат или са длъжни да предвидят настъпването на неблагоприятни за тях обективни промени на обстоятелствата. Преценката за това дали промените са могли да бъдат предвидени от страните и дали те са били длъжни да ги предвидят се прави на база на осреднения критерий за разумен, грижлив и добре информиран човек (т.нар. Normaltypus)[149]. Необходимо е страните да са положили дължимата грижа да предвидят изменението на икономическите условия, за да могат те след това да се позовават на разпоредбата на чл. 307 ТЗ[150]. За нетърговците това е грижата на добрия стопанин, докато за търговците – грижата на добрия търговец, поради по-високите изисквания към тях като професионалисти.

**6. Критериите на справедливостта и добросъвестността.** На следващо място, изменението трябва да е такова, че запазването на първоначалното съдържание

---

[149] Вж. Матеева, Е. Цит. съч., с. 239.
[150] Така Калайджиев, А. Облигационно..., с. 319.

на договора да е противно едновременно на справедливостта[151] и добросъвестността. Тези критерии осъществяват две диаметрално противоположни функции. От една страна, те поставят известна граница за прилагането на института, тъй като иначе би имало непоносимост при всяко настъпване на непредвидени и непредвидими обстоятелства. Така от принципа на справедливостта се извежда прекомерният характер на промените и съществената последваща нееквивалентност на престациите, които иначе не са изрично закрепени нормативно. От друга страна, тази граница е твърде плаваща и неопределена, тъй като предоставя голяма свобода на съда за преценка. В този смисъл, законодателното им закрепване може да се разглежда не толкова като опит на законодателя да постави рамка на приложение на непоносимостта, колкото да се освободи от тази отговорност, предоставяйки я на съда. Този извод следва от факта, че принципите на справедливостта и добросъвестността са общи за гражданското и търговското право[152] и те, като

---

[151] Справедливостта се разглежда като източник на гражданското и търговското право, от една страна, а от друга – като правен принцип. В настоящето изложение се има предвид второто ѝ значение, тъй като чл. 307 ТЗ визира именно значението ѝ на принцип – вж. Калайджиев, А. Облигационно..., с. 319. Обратно Герджиков, О. (в съавт.) Коментар на търговския закон. Кн. I. С.: Софи-Р, 2007, с. 48. Авторът обаче не разкрива съдържанието на справедливостта като източник на търговското право.

[152] Вж. Павлова, М. Цит. съч., 47-49; Калайджиев, А. Търговско..., с. 20. Значението на добросъвестността като принцип на гражданското право не е общоприето в литературата. Поради

общи начала, се прилагат и без това да е предвидено конкретно в дадена разпоредба. Иначе казано, тези принципи биха се прилагали при стопанска непоносимост и без това да беше изрично предвидено в чл. 307 ЗЗД. Това, което е направил законодателят, посочвайки ги изрично, е да даде приоритет специално на справедливостта и добросъвестността. Принципите са максимално общо формулирани и поради това доктрината и практиката са призвани да ги запълнят с конкретно съдържание. Въпреки всичко, това съдържание не освобождава съда от конкретна преценка за всеки отделен случай. Това се дължи на факта, че при относително определените норми твърде трудно може да се изведе общо от частното, което да е универсално валидно и обратно – разнообразните частни хипотези твърде често не се вместват в тесните рамки на предварително зададените дефиниции.

**6.1. Противоречие със справедливостта.** На принципа на справедливостта се отдава различно значение от различните автори. Според някои, справедливостта означава защита на всеки признат от нормите на правото интерес, като се търси максимално съчетаване на интересите на отделните правни субекти[153]. Други приемат, че принципът на справедливостта е синоним на еквивалентност[154]. И двете разбирания са принципно

---

общия ѝ характер обаче считам, че тя се отнася към принципите, общи за гражданското право.

[153] Така Павлова, М. Цит. съч., с. 47.
[154] Така Калайджиев, А. Търговско..., с. 20.

верни, като се направи уточнението, че второто е частен случай на първото и не обхваща в себе си всички проявления на принципа. Нееквивалентността на две престации не винаги означава противоречие със справедливостта. Както се отбеляза, българската правна система споделя субективната теория за еквивалентността. Страните решават дали насрещните престации са еквивалентни не на база математическото равенство между тях, а на субективните им разбирания. Дори и да има известно разминаване и нееквивалентност, това не означава само по себе си несправедливост. Последната ще е налице едва когато еквивалентността е прекомерно, съществено нарушена още при сключването на договора (при крайната нужда) или впоследствие (при стопанската непоносимост). Именно извънмерният характер на нееквивалентността е онзи фактор, който дава основание и налага на съда да приложи разпоредбата на чл. 307 ТЗ. Може да се заключи, че *несправедливото изпълнение е налице, когато съществено е нарушена еквивалентността на насрещните престации, а стриктното придържане към уговореното ще доведе до една неоправдана експлоатация на длъжника*. Промените предизвикват едно съществено несъответствие между стойността на престацията на длъжника и насрещната контрапрестация[155]. На прекомерния харак-

---

[155] За необходимостта от фундаментална промяна на обстоятелствата вж. Brunner, Ch. Force Majeure and Hardship under General Contract Principles: Exemption for Non-performance in Inter-

тер на промените следва да се настои, защото това произтича от същността на самия институт на стопанската непоносимост. Затова, с оглед на по-ясната законодателна уредба, следва да се направи предложение de lege ferenda в посока на това, да се уреди разрешението, намерило място в чл. 6:111, ал 2 PECL (Принципи на европейското договорно право), че изпълнението на договора поради промяната на обстоятелствата трябва да стане „извънмерно обременително", за да сме в хипотезата на стопанска непоносимост. За установяването на прекомерността на измененията и в по-общ план – на това дали има противоречие с принципа на справедливостта, е необходимо да се направи конкретна преценка дали при сключването на договора е съществувала за задължената страна по-голяма свобода на действие или не, както и дали конкуренцията не я е заставяла да се подчини на диктуваните от насрещната страна условия, или самата тя е определяла такива[156].

Някои автори поставят изискването икономическото равновесие да се е променило изведнъж, за кратък период от време, за да е налице несправедливост[157]. На това разбиране следва да се възрази. Под несправедливост в случая се разбира прекомерна нееквивалентност

---

national Arbitration. Netherlands: Kluwer Law International, 2009, p. 401.

[156] Така Калайджиев, А. Облигационно..., с. 320, както и Диков, Л. Институтът на clausula rebus sic stantibus в частното право (прод. от бр. 1/1994 г.)..., с. 67.

[157] Така Калайджиев, А. Облигационно..., с. 319.

на престациите. Такава може да възникне и ако равновесието се е променило постепенно, но значително, особено при договорите, съдържащи задължения за трайно изпълнение, чието действие може да продължава години. Разбира се, практическите хипотези за възникване на чрезмерно несъответствие между насрещните престации са свързани най-често с резки и неочаквани промени, като войни, природни бедствия и др. Но това не винаги е така и не бива да се изключват a priori възможни хипотези, за които законът не поставя граници.

**6.2. Противоречие с добросъвестността.** Добросъвестността може да се разглежда първо като незнание на дадени обстоятелства, което води до определени правни последици и второ – като нравствено-етична категория. В настоящето изследване се има предвид второто значение на това понятие. Добросъвестността има по-тясно значение от морала и добрите нрави[158] и включва изискванията за честност, почтеност и коректност в поведението на частноправните субекти. В този смисъл тя е извънправна категория, която подлежи на фактическа преценка и има променливо съдържание през историческите епохи в различните общества и сред различните групи в обществото. Но в известни случаи законодателят ѝ придава правно значение. Така, добросъвестността е един от критериите за тълкуване на правните сделки – чл. 20 ЗЗД, както и нормативно зак-

---

[158] Вж. Павлова, М. Цит. съч., с. 90.

репен коректив за водене на преговори, респ. сключване на договори (чл. 12 ЗЗД) и за изпълнение на правните задължения (чл. 63, ал. 1 ЗЗД).

В същото време, когато се говори за недобросъвестност при стопанската непоносимост, не може да не се отчете т.нар. сфера на влияние, респ. риск (Risikosphäre). Това означава, че макар и престацията на длъжника да е несправедлива (да е настъпила значителна нееквивалентност с контрапрестацията), тя може да е в съответствие с добросъвестността. Така е, когато длъжникът е поел един риск, който е могъл да избегне, например като включи клауза за непроменимост в договора. Макар промените да са били неочаквани от длъжника, самата дейност може да е рискова по своя характер, което налага правните субекти да търпят загуби в определени случаи. Все пак обаче границата между нормалния риск и непоносимостта е плаваща и подлежаща на преценка във всеки конкретен случай. Това препятства възможността да бъде изведено общо и универсално правило.

На последно място, недобросъвестно е запазването на един договор, когато обществените интереси налагат да не бъде разорена засегнатата страна. За да се направи тази преценка е необходимо да се оцени дали всеки един правен субект би изпаднал в същото състояние при конкретните фактически и правни условия. Иначе казано, трябва да се използва осредненият критерий за зрял, опитен, разумен, добросъвестно действащ човек, като се отчита и принадлежността му към определена професионална група или прослойка. Така, едно е дължимото и добросъвестно поведение при търговците, които са професионалисти и при по-неопитните гражданскоправни субекти – нетърговци. Не трябва да се допуска приложението на непоносимостта в случаи, при които неравновесието е причинено от нерационалното поведение на едно лице. Това изискване е тясно свързано с необходимостта промените да не са следствие от поведението на самите страни по договора и е допълнителен аргумент в тази насока. Може да се заключи, че *недобросъвестността при стопанската непоносимост означава запазването на договора да противоречи на критериите за честност, почтеност, лоялност и коректност в гражданския оборот, както и станалите промени по степен да бъдат толкова силни, че от гледището на обществения интерес да налагат едно запазване на икономическото съществуване на засегнатата страна дотолкова, доколкото последната е действала разумно, добросъвестно и в границите на нормалния стопански риск.*

Когато се говори за стопанската непоносимост, обикновено се разсъждава от гледна точка на интересите на длъжника и доколко те налагат да намери приложение този институт. Но е безспорно необходимо при тази преценка да се оценят и кредиторовите интереси, за да се разбере дали наистина запазването на договора противоречи на справедливостта и добросъвестността, както изисква чл. 307 ТЗ. Така, ако вследствие на поискано от длъжника прекратяване на един договор поради непоносимост на престацията, за кредитора би се породила вреда, чиито размер е близък до вредата, която ще се създаде за длъжника, то договорното задължение следва да се запази[159].

**7. Ред за упражняване.** Почти общоприето е в правната доктрина и в съдебната практика, че искът по чл. 307 ТЗ е конститутивен, а активно легитимирана да предяви иска е всяка от страните, в качеството ѝ на длъжник спрямо насрещната страна по договора – така р. 918-99-V г.о., р. 255-02-V г.о., определение 478-03-V г.о., определение 780-09-I т.о., определение 144-10-II т.о. и други[160]. Доколкото се касае за правомощие на съда да приспособи една търговска сделка към нововъзникнали обстоятелства, то съдът разглежда спора по реда на особеното исково производство по търговски спорове – чл. 365 и сл. ГПК. Длъжникът трябва да докаже настъпването на обстоятелствата, водещи до съществена нееквивалентност на насрещните престации, както и причинната връзка между тях и стопанската непоносимост на престацията. В този смисъл се касае за упражняването на едно субективно потестативно право. Съобразно това дали с него се иска изменение или

---

[159] Така Ангелов, С. Стопанска непоносимост на изпълнението. – Търговско право, 2002, № 5, 101-102.
[160] Така Герджиков, О. Търговски..., с. 56.

прекратяване на договора, това право е от категорията на правопроменящите или правопрекратяващите. По-конкретно, длъжникът може да иска (1) изменение на договора, (2) цялостно прекратяване на договора или (3) частично прекратяване на договора – чл. 307 ТЗ. Съдът е обвързан от искането на страната и не може да постановява изменение на договора, щом се иска неговото прекратяване, както и обратно.

Според друго разбиране, изхождащо от позицията, че спорът по чл. 307 ТЗ е неправен, съдът не действа като правораздавателен орган, а осъществява администрация на гражданските отношения[161]. Ако се възприеме това схващане, означава да се приеме, че решението на съда няма да има изпълнителна сила и сила на пресъдено нещо, а ще поражда само материалноправни последици. На това разбиране следва да се възрази. Предвидената в чл. 307 ТЗ правна възможност на длъжника по правоотношението да предизвика правна промяна в правната сфера на насрещната страна по правоотношението, независимо от нейната воля, е тъкмо преобразуващо право. Наред с това, в чл. 307 ТЗ изрично е предвидено, че това потестативно право се упражнява по

---

[161] Така Калайджиев, А. Облигационно..., с 321; Иванова, Р., Б. Пунев, С. Чернев. Коментар на новия граждански процесуален кодекс. С.: Труд и право, 2008, с. 537. В полза на тезата, че спорът в хипотезата на стопанска непоносимост има не правен, а икономически характер, вж. Сталев, Ж., А. Мингова, В. Попова, Р. Иванова. Българско гражданско процесуално право. С.: Сиела, 2004, с. 667.

съдебен ред и следователно е налице правен интерес от предявяването на конститутивен иск. С последния се иска от съда да разгледа един правен спор и да постанови произтичащата от съдържанието на преобразуващото право промяна на правоотношението между спорещите страни. С оглед на изясняване на спорната проблематика относно характера на производството обаче, считам, че процесуалноправната материя следва да бъде предмет на самостоятелно изследване.

**8. Заключение.** В отклонение от принципа pacta sunt servanda съдът може по искане на една от страните да измени или прекрати един двустранен договор изцяло или отчасти, когато са настъпили такива непредвидени и непредвидими обстоятелства от извънреден характер, които причиняват прекомерно и противоречащо на правилата за честност, почтеност, лоялност и коректност несъответствие между престациите на страните по договора. Причината за появата на института на стопанската непоносимост са нуждите на практиката, която в определени случаи не се вмества в твърдите разбирания на правото за задължителната сила на договорите и налага това разбиране да бъде преразгледано. В същото време, всеки път, когато правните субекти сключват един договор, те са решени да се обвържат дори и когато обстоятелствата се променят. Промяната е неизбежна, независимо от спокойствието в икономическия живот и тя не може да бъде основание за позоваване на чл.

307 ТЗ всеки път, в който стане факт. Но при внимателното вглеждане в разпоредбата на чл. 307 ТЗ като единствени критерии за прилагането ѝ за въздигнати непредвидимостта, добросъвестността и справедливостта. И ако първият е сравнително конкретен, то последните два са толкова общо формулирани, че се стига дотам цялата тежест от преценката да се стовари върху съда.

Вярно е, че нормативната уредба не може да обхване всички практически хипотези, а всяко дефиниране е опасно, поради винаги непълния характер на определението. Но има и критерии, които са безспорни от гледна точка на релевантността им по отношение на стопанската непоносимост и бидейки общи, отново са по-конкретни от широко формулираните принципи, които и без това са общи за гражданското и търговското право. Затова е необходимо да се направят някои предложения de lege ferenda в насока да бъдат въздигнати нормативно такива конститутивни белези на стопанската непоносимост, които са безспорни в доктрината, както и да се отчетат модерните тенденции в договорното право в сравнителноправен мащаб. Те включват необходимостта да бъдат закрепени изискванията за прекомерен характер на несъответствието между насрещните престации, респ. изключителна обременителност за длъжника, настъпване на промяната на обстоятелствата след сключването на договора, респ. преди неговото изпълнение (като се закрепи последицата при изпълнение само на една от престациите по двустранния договор), промяната да не е била причинена от страните (т.е.

да е външна), нито да е била в границите на нормалния риск, страните да могат да уговарят само по-благоприятни за засегнатата страна условия от предвидените в закона и др. Така по-точно ще бъде отразена нормативно същността на института, ще бъде отчетен опитът от неговото практическо и доктринално осветляване и ще бъде улеснен правоприложителят.

# ЧАСТ IV

# НЕПРЕОДОЛИМАТА СИЛА

**1. Понятие и приложно поле.**

Изпълнението е крайната и закономерна цел на едно облигационно или търговско отношение. Нормалният завършек е постигането на дължимия резултат – интересът на кредитора да бъде удовлетворен, а длъжникът да бъде освободен от обвързаността си. Но в някои случаи това не е възможно – и то не поради умисъл или неполагане на дължимата грижа от страна на длъжника, а заради настъпване на едно непредвидимо от длъжника случайно събитие с непреодолими последици[162], което прави изпълнението невъзможно след сключването на договора[163]. Към тези хипотези правото не може да остане безразлично. Така е, защото длъжникът по правило не може да отговаря за неблагоприятните последици на такова развитие на отношението, поради принципа, че без вина няма отговорност. Такава е идеята на чл. 81, ал. 1 от Закона за задълженията и договорите (ЗЗД), който постановява, че длъжникът не отговаря, ако невъзможността за изпълнението се дъл-

---

[162] При случайното събитие последиците са непреодолими тъкмо защото длъжникът не е могъл, а и не е бил длъжен да предвиди настъпването на събитието.

[163] Става следователно дума за последваща, а не за начална невъзможност.

жи на причина, която не може да му се вмени във вина. Иначе казано, тогава е достатъчно длъжникът да обори презумпцията за вина за неизпълнението, за да бъде екскулпиран[164]. Единствено когато задължението е за родово определени престации, тогава той не може да бъде освободен от отговорност, тъй като родът не погива[165].

---

[164] В литературата се посочва, че оборването на презумпцията за вина освобождава длъжника от отговорност, „но това не означава, че той не е проявил никаква небрежност". Просто последната е без значение за пораждане на отговорността, тъй като случайното събитие е причина за неизпълнението, независимо от поведението на длъжника, а вината е ирелевантна, когато не е довела до противоправен резултат – така Конов, Т. Основание на гражданската отговорност. – Във: Подбрани съчинения. С.: Сиела, 2010, 203-204. Наистина случайното събитие е външно на длъжника дотолкова, доколкото не може да бъде причинено от неговото поведение. Но ми се струва изкуствено пълното откъсване на случайното събитие от поведението на длъжника. При изследването дали то е налице, е необходимо да се взема предвид полагането на дължимата грижа от страна на длъжника през призмата на добрия търговец, респ. добър стопанин. Тази преценка е обективна по същността си, но и небрежността като несъобразяване с дължимата грижа също има обективен характер. При обективните отговорности и релевирането на непреодолима сила в тези случаи нещата стоят иначе.

[165] Така Решение № 214 от 23.03.2004 г. по гр. д. № 2606/2002 г., ТК, II г. о. на ВКС. Разбира се, това не се отнася за случаите, когато родът е уговорен от страните достатъчно тясно, че да погинат всички вещи от рода. В този смисъл е Решение от 30.04.2003 г. по ВАД № 141/2002 г., в което се приема, че няма пречка да се приложат правилата на чл. 306 ТЗ и чл. 81, ал. 1 ЗЗД,

В други случаи обаче, правото се отклонява от посоченото начало, че няма отговорност без вина и предвижда редица случаи на обективна, безвиновна отговорност[166]. Тогава позоваването от страна на длъжника на случайно събитие не е достатъчно, за да бъде освободен от гражданска отговорност[167]. Идеята на законодателя при тази по-строга (стриктна) отговорност е да възложи риска от настъпването на противоправния резултат върху длъжника. Последният може да се освободи само ако докаже, че изпълнението е станало невъзможно поради един квалифициран случай на случайно събитие – непреодолимата сила[168] – вж. т. 2 от

щом длъжникът е поел задължението да продаде на кредитора разсад за бял риган, който е негова собствена продукция, а последният е погинал. Затова не може да бъде споделена пълната категоричност, изразена в решение по ВАД № 39/99 от 26.10.1999 г., че „родът не изчезва никога".

[166] Затова не може да бъде споделено изразеното от Голева, П. Непреодолимата сила и нейното прилагане в съдебната и арбитражната практика. – Пазар и право, 2004, № 4, с. 19, че вината е задължителна предпоставка на отговорността по ЗЗД. С липсата на вина свързва непреодолимата сила и случайното събитие също Меворах, Н. Vis major. – Търговско право, 2002, № 5, с. 79.

[167] Обратно решение от 14.03.2000 г. по гр. д. № 1472/1999 г. на Сливенски окръжен съд относно отговорността по чл. 50 ЗЗД.

[168] За непреодолимата сила като квалифициран случай на случайното събитие вж. Конов, Т. Цит. съч., с. 203. Авторът посочва, че „термините случайно събитие, непреодолима сила и разпореждане на държавен орган са синоними". Струва ми се, че еднаквият резултат, а именно освобождаване от отговорност, не означава пълен идентитет. Вярно е, че двете явления са близки едно до друго. Но непреодолимата сила е по-голямото по степен и

Постановление № 17 от 18.11.1963 г. на Пленума на Върховния съд. Разбира се, конкретно при специалните деликтни състави освобождаването от отговорност може да стане и при доказване на изключителната вина на пострадалия или на трето лице – вж. т. 10 от Постановление № 7 от 30.12.1959 г. на Пленума на Върховния съд. В законодателството има редица случаи на обективна отговорност[169].

---

по-рестриктивното като освобождаващо от отговорност обстоятелство. Тя е приложима при обективните отговорности, в които се включват и рисковите елементи на дейността, от една страна, както и при търговската дейност, която също е рискова по характер, от друга. Както удачно се споменава в решение от 26.05.2008 г. по гр. д. № 769/2007 г. на Великотърновски окръжен съд „[с]лучайното събитие не е от категорията "непреодолима сила" по смисъла както на закона, така и на задължителната практика на ВС на РБ" (относно освобождаването от отговорност при безвиновните деликтни състави, за което се изисква наличие на изключителна вина на пострадалия, респ. на трето лице или на непреодолима сила).

[169] Пример за такава стриктна отговорност е разпоредбата на чл. 373, ал. 1 ТЗ, съгласно която превозвачът отговаря за изгубването, погиването или повреждането на товара, освен ако вредата се дължи на *непреодолима сила*, на качествата на товара или на явно неподходяща опаковка, ако товародателят е дал съгласие по реда на чл. 370, ал. 3 (подч. мое – Я. Н.). Тази норма съответства на чл. 389 от стария Търговски закон, която от своя страна е заимствана от чл. 395 на отменения германски търговски закон от 1861 г. Затова е напълно невярно заключението на Георгиев, А. Практически аспекти на приложението на чл. 306 ТЗ в търговските отношения. – Търговско и конкурентно право, 2009, № 9, с. 24, че в търговското ни право след освобождението няма специални

Вторият случай, в който може да се стигне до освобождаване от отговорност само при по-рестриктивната хипотеза на непреодолима сила, е когато се касае за търговска сделка и длъжникът, чието изпълнение е станало невъзможно, е търговец. Това произтича от факта, че дължимата грижа, която законодателят изисква от търговците е по-висока – грижата на добрия търговец. С други думи, законодателят е въвел по-ограничителен режим за освобождаване от отговорност в търговското право, в сравнение с гражданското право. Допълнителен аргумент в тази насока е, че не само Търговският закон, но и редица други специални търговскоправни нормативни актове използват понятието непреодолима сила, а не случайно събитие, като основание за освобождаване от отговорност[170].

---

правила, регламентиращи непреодолимата сила в търговските отношения. Върху тази грешна постановка авторът прави предложение de lege ferenda за отмяна на разпоредбата на чл. 306 ТЗ. Наистина в търговското право не е имало разпоредба, обща като тази на чл. 306 ТЗ, но от специалните правила, като тези касаещи договора за превоз и влог в публичен склад, се извежда едно понятие, което е по-близко до същността на непреодолимата сила, в сравнение с разрешенията на стария ЗЗД.

[170] Визирането на случайно събитие в разпоредбите на чл. 312, ал. 1 и чл. 174, ал. 1 от Кодекса на търговското корабоплаване е по-скоро инцидентно. Освен това втората разпоредба изброява наред с непреодолимата сила и случайните събития, също и пожар, действия на органите на държавна власт, военни действия, стачки и др., като че ли последните не могат да бъдат непреодолима сила или случайно събитие. Вярно е, че съществува разбиране, според което само юридически събития могат да бъдат непреодолима

Може да се обобщи, че невъзможността за изпълнение поради случайно събитие не е достатъчна за освобождаване от отговорност, от една страна, когато се касае за т.нар. обективна отговорност в гражданското право, а от друга, когато длъжникът е търговец, независимо дали отговорността му е обективна или не. В тези хипотези е необходимо длъжникът да докаже настъпването на квалифицирания случай на случайно събитие – непреодолимата сила, за да се освободи.

Още тук е добре да се настои на необходимостта да се прави разлика между случайно събитие и непреодолима сила, защото в съдебната практика е налице смесване на двата института. Такова смесване е демонстрирано в решение № 166 от 10.03.2010 г. по гр. д. № 4284/2008 г., г. к., IV Г. О. на ВКС, съгласно което „[с]лучайното събитие е такова събитие, което не е могло да се предвиди или е осъществено в резултат на непреодолима сила". Няма как случайното събитие да бъде осъществено в резултат на непреодолима сила, когато последната представлява квалифициран случай именно на casus fortuitus. Очевидно едно такова разбиране е non sens.

Основната разпоредба, регламентираща непреодолимата сила, е чл. 306 от Търговския закон (ТЗ), към-

---

сила, но не и действия на човека. Това произтича от използването на термина „събитие" в разпоредбата на чл. 306, ал. 2 ТЗ. Настоящата статия се опитва да превъзмогне това неоснователно стеснено разбиране.

дето понятието е определено като непредвидено или непредотвратимо събитие от извънреден характер, възникнало след сключването на договора[171]. Мястото и характерът на разпоредбата са дали повод за редица противоречиви, а понякога дори диаметрално противоположни, тълкувания и изводи относно същността и приложното поле на института. Изказвано е мнение, че чл. 306 ТЗ се прилага само в областта на търговските сделки[172], поради факта, че нормата, съдържаща се в чл. 306 ТЗ е специална по отношение на чл. 81 ЗЗД[173]. Това

---

[171] Непреодолимата сила е уредена и на други места в законодателството, като чл. 373, ал. 1 ТЗ, чл. 515 ТЗ, чл. 87 и § 1, т. 21 от Закона за пощенските услуги (ЗПУ), чл. 43, чл. 90, чл. 103, § 1, т. 14 от Закона за обществените поръчки (ЗОП), чл. 140, чл. 147, чл. 174, чл. 312, чл. 346а от Кодекса за търговското корабоплаване (КТК), чл. 88, чл. 102 от Закона за гражданското въздухоплаване (ЗГВ) и др. Следва да бъде споделено и за националното право принципното разбиране на СЕО, Решение от 11 юли 1968 година, Firma Schwarzwaldmilch GmbH срещу Einfuhr- und Vorratsstelle für Fette, дело 4/68, че „[т]ъй като понятието "непреодолима сила" не е идентично в различните клонове на правото и различните области на прилагането му, значението на това понятие трябва да бъде определено въз основа на правната рамка, в която то трябва да бъде приложено."

[172] Така Голева, П. Цит. съч., с. 20. В този смисъл и Георгиев, А. Цит. съч., с. 24.

[173] За специалния характер на нормата вж. Герджиков, О. Търговски сделки. С.: Труд и право, 2008, с. 51. В полза на специалния характер на чл. 306 ТЗ, спрямо чл. 81 ЗЗД са и: решение по ВАД № 38/99, постановено на 14.07.1999 г.; Определение № 204 от 24.03.2011 г. на ВКС по т. д. № 803/2010 г., I т. о., ТК („...специалното правило на чл. 306 ТЗ, което дерогира

мнение не може да бъде безрезервно споделено. Вярно е, че чл. 306 ТЗ намира приложение, когато сделката е търговска, но не единствено. Някои по-нови правила на търговското право, се прилагат и за гражданското право – такива са стопанската непоносимост, непреодолимата сила и други[174]. Става дума за общи разпоредби, които не съдържат специфики само по отношение на търговците. Това се обуславя от двупосочната генетична и функционална връзка, която съществува между гражданското и търговското право. Правилно е изказаното от П. Голева твърдение, че правилото, заложено в чл. 307 ТЗ, е по-рестриктивно, в сравнение с това на чл. 81 ЗЗД. Но демаркационната линия непреодолима сила – случайно събитие не винаги е на плоскостта търговско – гражданско право. Доказателство за това е, че в редица случаи на обективна отговорност в гражданското право длъжниците, за да могат да се освободят от отговорност, ще трябва да релевират не наличието на случайно събитие, а на непреодолима сила – така, както е уредена в чл. 306 ТЗ. Такива са случаите на чл. 47, ал. 2, чл. 48, чл. 50 ЗЗД. Макар и хипотези на деликтна отговорност, те ясно показват, че институтът на непреодо-

---

общото правило на чл. 81 ЗЗД."; Решение от 25.05.2000 г. по ВАД № 136/99 г.; Решение от 7.08.2008 г. по ВАД № 6/2008 г.; Решение № 2075 от 15.12.2009 г. на ОС - Пловдив по в. гр. д. № 2806/2009 г., ГК, 8-ми гр. с-в; Решение № 196 от 11.07.2008 г. на ВтАС по в. гр. т. д. № 167/2008 г., ГК; Решение № 86 от 30.06.2008 г. на БАС по т. д. № 118/2008 г., ТО.

[174] Така Калайджиев, А. Търговско право – обща част. С.: Труд и право, 2010, с. 17.

лимата сила, така както е уреден в чл. 306 ТЗ, намира приложение и по отношение на граждански правоотношения. Разбира се, това не означава, че длъжникът по гражданско правоотношение не може да се освободи извън случаите на обективна отговорност, позовавайки се на непреодолима сила. Напротив, щом случайното събитие е достатъчно за екскулпирането му, на още по-голямо основание непреодолимата сила ще породи същия резултат.

От друга страна, поради по-високите изисквания към търговците като професионалисти, за екскулпирането им не е достатъчно релевирането на случайно събитие, а е нужно именно непреодолима сила да е направила изпълнението невъзможно. Вярно е, че на основание чл. 81, ал. 1 ЗЗД длъжникът не отговаря, ако невъзможността за изпълнение се дължи на причина, която не може да му се вмени във вина, когато отговорността не е безвиновна. Това е проявление на принципа, че без вина няма отговорност. В допълнение към по-високата грижа, която се изисква от търговците – грижата на добрия търговец, търговският закон в чл. 306 обаче поставя допълнителни изисквания за освобождаването на длъжниците – търговци от отговорност. Цитираната разпоредба на чл. 306 ТЗ също е проявление и доразвитие на уредбата на невъзможността, залегнала в ЗЗД в посока на по-засилена отговорност за търговците. Така, ако при забава на длъжника, чл. 85 ЗЗД дава възможност на последния да докаже, че кредиторът би претърпял вредите и при своевременно изпълнение, за да се освободи от отговорност, то чл. 306, ал. 1, изр. 2 ТЗ категорично изключва тази хипотеза[175]. Въпреки всичко, поради факта, че непреодолимата сила и случайното събитие лежат на една плоскост, разпоредбата на чл. 306 ТЗ включва в себе си и случайното събитие, като добавя допълнителни елементи и изисквания.

2. **Определение.**

Непреодолимата сила е възникнало след сключването на договора извънредно обстоятелство, правещо изпълнението невъзможно и освобождаващо търговеца или обективно отговорния длъжник, когато той докаже, че не е могъл да избегне, респ. преодолее обстоятелството или неговите последици (непредотвратимост), от една страна, а когато задължението е породено от договор или от едностранно волеизявление – че не е могъл да вземе възпрепятстването предвид, когато задължението е поето (непредвидимост). Ако това обстоятелство е само временно, длъжникът се освобождава от отговорност само докато то и неговите последици са налице, а ако някоя от страните изгуби интерес от договора, тя има субективното потестативно право да го прекрати.

---

[175] Това разрешение произтича от принципа, че никой не може да черпи права от собственото си неправомерно поведение.

### 3. Vis major в римското право.

Непреодолимата сила несъмнено има своите корени в римското право[176]. Тя е била тясно свързана с по-строгата отговорност за custodia[177] (отговорност за пазене), която имали корабоначалниците, ханджиите и стопаните на конюшни, по отношение на дадените им за пазене вещи[178]. Те носели отговорност за casus minor (по-малки инциденти), макар и да са casus fortuitus (случайно събитие) и са могли да се освободят само когато противоправният резултат е бил причинен от събитие, което е извън човешките възможности да бъде преодоляно – vis major (непреодолима сила)[179]. Така е, защото никой не може да бъде задължен за невъзможното – impossibilium nulla obligatio est. Това извънредно събитие не е било определено по общ и абстрактен на-

---

[176] Така Ангелов, С. Понятието vis major. – Търговско право, 1999, № 5, с. 61.

[177] За споровете относно същността на custodia, вж. Zimmermann, R. The Law of Obligations: Roman Foundations of the Civilian Tradition. New York: Oxford University Press, 1996, p. 194, както и Berger, A. Encyclopedic Dictionary of Roman Law. Philadelphia: The American Philosophical Society, 1991, p. 423. Съществуват две основни разбирания за същността на custodia. Според едното, поддържано тук, тя представлява стриктна отговорност за пазене на вещи, която няма отношение към вината, а смекчаването ѝ е резултат от по-късни интерполации. Според другото, тя представлява просто maxima diligentia in custodiendo. В смисъл, че custodia е синоним на diligentia exactissima, вж. Дюнан, Ж., П. Пишона. Римско право – речник на основните термини. С.: Сиела, 2007, с. 71.

[178] Вж. Андреев, М. Римско частно право. С.: Софи-Р, 1992, с. 382.

[179] Вж. Zimmermann, R. Op. cit., p. 194.

чин в римското право – дават се за примери събития като корабокрушения, земетресения, пиратски нападения и др., а преторът е давал предписания по своя преценка на съдията (judex) дали да бъде освободен от отговорност ответникът[180]. Касае се за обективна отговорност, която е независима и необусловена от вината, което съответства на застъпваното тук разбиране, че в случаите на подобна отговорност в действащото гражданско право е необходимо длъжникът да доказва непреодолима сила, за да се освободи от отговорност. В този смисъл не може да бъде споделено разбирането, изразено от някои автори, в насока, че полагането на дължимата грижа при пазенето и наблюдението на вещите е разделителната линия между носенето и освобождаването от отговорност на тези категории лица. Става дума за възлагане на риска от погиването на вещите върху реципиентите, на основата на обективни критерии, а не на база на полагането на дължимата грижа[181].

Изказано е становище, че произходът на отговорността за custodia е във връзка с възможността ханджиите, корабоначалниците и др. да действат в съучастие с трети лица и да делят с тях получената плячка, което би било трудно доказуемо[182]. Това мнение не може да бъде безрезервно споделено. Няма категорични

---

[180] В този смисъл вж. Ангелов, С. Цит. съч., с. 61.
[181] Вж. Вж. Zimmermann, R. Op. cit., p. 195.
[182] В този смисъл Конов, Т. Цит. съч., 218-219, както и Андреев, М. Цит. съч., с. 382.

данни, че тъкмо това е мотивирало законодателя да въведе тази стриктна отговорност. Напротив, има различни тълкувания в тази насока. Както отбелязва С. Ангелов, възможно е да е била закрепена законодателно една обичайна практика да се сключват договори, възлагащи по-тежка отговорност на реципиентите или последните сами да са обещавали такава[183]. Обемът на настоящата работа не дава възможност да се навлиза по-дълбоко в тези дискусии. Независимо от мотивацията за това разрешение, то е оставило своя отпечатък за разбирането ни за непреодолимата сила и до днес. Във всеки случай, това, което характеризира най-точно непреодолимата сила, е фактът, че настъпването на събитие от такъв характер освобождава от всякакви подозрения за вина, тъй като то е „една голяма известна случка, която нито може да бъде измислена, нито прикрита[184]".

## 4. Непреодолимата сила в сравнителноправен аспект.

### 4.1. Невъзможността за изпълнение в Soft law.

Предмет на сравнителноправен анализ в настоящата работа са две частноправни кодификации, а именно Принципите на европейското договорно право (PECL) и Законът-модел за европейското частно право (Model Rules of European Private Law) - Draft Common

---

[183] Вж. Ангелов, С. Цит. съч., с. 61.
[184] Пак там, с. 75.

Frame of Reference (DCFR). По-конкретно, разпоредбите, даващи уредба на невъзможността за изпълнение поради force majeure, са чл. 8:108 PECL и чл. III. – 3:104 DCFR. Общата правна рамка (DCFR) е по-нова по време и представлява доразвитие на Принципите. Други специфики на DCFR, в сравнение с PECL, са закономерна последица на факта, че приложното поле на първия акт е по-широко от това на втория. Даваща подобни разрешения е и разпоредбата на чл. 79 от Конвенцията на ООН за договорите за международна продажба на стоки (CISG). Всъщност чл. 8:108 PECL[185] и чл. III. – 3:104 DCFR, макар и формулирани различно от чл. 306 ТЗ, са твърде сходни по съдържание както помежду си, така и в сравнение с българския текст. За онагледяване на тази близост служи следната таблица:

| Чл. 8:108 PECL | Чл. 306 ТЗ | III. – 3:104 DCFR |
|---|---|---|
| Страната не отговаря за неизпълнението, *ако докаже*, че то се дължи на възпрепятстване… | Длъжникът *по търговска сделка* не отговаря за неизпълнението, причинено от непреодолима сила. *Ако длъжникът е* | Длъжникът не отговаря за неизпълнение на задължение, ако то се дължи на възпрепятстване… |

---

[185] Преводът на PECL, с известни корекции, е на Кристиан Таков – вж. Таков, К. Закон за задълженията и договорите. С.: Сиби, 2010, 289-290. Преводът на DCFR е мой.

| | | |
|---|---|---|
| | бил в забава, той не може да се позовава на непреодолима сила. | |
| … възпрепятстване извън нейния контрол и че от нея не е могло разумно да се очаква да вземе възпрепятстването предвид в момента на сключването на договора (*непредвидимост – подч. мое – Я.Н.*), нито да избегне или преодолее възпрепятстването или последиците му (*непредотвратимост – подч. мое – Я.Н.*). | Непреодолима сила е непредвидено или непредотвратимо събитие от извънреден характер, възникнало след сключването на договора. | …възпрепятстван е извън неговия контрол и ако от длъжника не би могло разумно да се очаква да избегне или преодолее възпрепятстването или последиците му (*непредотвратимост – подч. мое – Я.Н.*)… *Ако задължението е породено от договор или от друг правен акт*, неизпълнението не е освобождаващо ако от длъжника би могло разумно да се очаква да е взел възпрепятст- |

|  |  | ването предвид, когато задължението е поето (*непредвидимост* – подч. мое – Я.Н.). |
|---|---|---|
| Ако възпрепятстването е само временно, освобождаването от отговорност по този член действа за срока, през който възпрепятстването е налице. Ако обаче забавянето се разрасне до съществено неизпълнение[186], *кредиторът* може да го разглежда като такова. | Докато трае непреодолимата сила, изпълнението на задълженията *и на свързаните с тях насрещни задължения* се спира. Ако непреодолимата сила трае толкова, че кредиторът вече няма интерес от изпълнението, той има право да прекрати договора. *Това* | Ако извинителното възпрепятстване е само временно, освобождаването от отговорност действа за срока, през който възпрепятстването е налице. Ако обаче забавянето се разрасне до съществено неизпълнение, *кредиторът* може да го разглежда като такова. *Когато освобождаващото от отговорност възпрепятстване е пос-* |

---

[186] За дефиниция на съществено неизпълнение вж. чл. 8:103 PECL.

|  | *право има и длъжникът.* | *тоянно, задължението се прекратява. Всяко реципрочно задължение също се прекратява. В случаите на договорни задължения всички реституционни действия на прекратяването се уреждат от разпоредбите на Глава 3, Раздел 5, Подраздел 4 (Реституция) със съответно прилагане.* |
|---|---|---|
| Неизпълняващата страна трябва да стори нужното, уведомлението за възпрепятстването и за влиянието му върху възможността ѝ да изпълни да се получи от другата | Длъжникът, който не може да изпълни задължението си поради непреодолима сила, в подходящ срок уведомява *писмено* другата | Длъжникът има задължението да стори нужното, уведомлението за възпрепятстването и за влиянието му върху възможността за изпълнение да достигне кредитора в разу- |

| страна в разумен срок, *след като неизпълняващата страна е узнала или е трябвало да узнае тези обстоятелства.* Другата страна може да търси обезщетение за всяка вреда, произтичаща от неполучаването на такова уведомление. | страна в какво се състои непреодолимата сила и възможните последици от нея за изпълнението на договора. При неуведомяване се дължи обезщетение за настъпилите от това вреди. | мен срок, *след като длъжникът е узнал или би могло разумно да се очаква да узнае тези обстоятелства.* Кредиторът може да търси обезщетение за всяка вреда, произтичаща от неполучаването на такова уведомление. |
|---|---|---|

На първо място, тези частни кодификации също закрепват непредвидимостта и непредотвратимостта като елементи от непреодолимата сила, но не ги назовават по този начин, а ги определят описателно. Така, ако се съчетаят PECL и DCFR, непредвидимостта може да се приеме, че е налице, когато от длъжника не може разумно[187] да се очаква да е взел възпрепястващата из-

---

[187] За да се прецени кое е разумно текстът трябва да се тълкува във връзка с чл. 1:302 PECL. При преценката кое е разумно следва да се вземе предвид това, което добросъвестни лица, намиращи се в положение, подобно на това на страните, биха сметнали за такова. Следва да се имат предвид също естеството и целта на договора, обстоятелствата в конкретния случай, а също обичаите и практиките в търговията и занятията.

пълнението сила предвид към момента на сключването на договора[188]. Прави веднага впечатление, че тези актове изискват не длъжникът да не е предвидил настъпването на събитието, но да не е могъл, респ. да не е било част от задълженията му да го стори. Това е един обективен подход, който следва да бъде възприет и при българската уредба. Ето защо не е точно употребеното в чл. 306, ал. 2 ТЗ понятие „непредвидено", което изразява фактическата липса на предвиждане от страна на длъжника, съответно на което и да е друго лице. По-точен е терминът непредвидимо, тъй като липсата на разумна възможност и задължение за предвиждане на събитието е това, което характеризира непреодолимата сила. Заслужава подкрепа въвеждането от страна на чл. III. – 3:104 DCFR на изискването непредвидимостта да се преценява, когато задължението е породено от договор или от друг правен акт. Тъкмо тогава тя е релевантна, защото волята на длъжника е участвала при поемането на задължението и той е имал реална възможност да оцени ситуацията. Под друг правен акт следва да се разбира всяко изявление или съгласие, явно или конклудентно, което е предназначено да има правен ефект, независимо дали е едностранно, двустранно или многостранно – чл. II. – 1:101 (2) DCFR. Очевидно това е по-широката категория, която включва и договорите, но и други източници на облигационни отношения, като

---

[188] Относно разумната предвидимост вж. чл. 1:305 PECL.

едностранните волеизявления например[189]. Правни актове са и оферти, уведомления за прекратяване на договори и др. Чл. 1:107 PECL, от своя страна, предвижда съответно прилагане на правилата на Принципите към други правни актове.

Непредотвратимостта, от своя страна, е налице, когато от длъжника не е могло разумно да се очаква да избегне или преодолее възпрепятстващата сила или последиците ѝ. За да се осъществи тази преценка е необходимо да се използва осреднен критерий на добросъвестния, зрял и опитен човек. Това дава обективност на непредотвратимостта, защото гледната точка са не възможностите на длъжника, а не всеки един добросъвестен човек, намиращ се в положението на длъжника (вж. чл. 1:302 PECL). В това се изразява критерият „разумно", използван от PECL. Тук отново определянето на непреодолимата сила е по-точно, в сравнение с чл. 306, ал. 2 ТЗ. Последната разпоредба указва на факта, че именно събитието е непредотвратимо. Това не е достатъчно, за да е изпълнен фактическият състав на непреодолимата сила. В тази си част тълкуването на разпоредбата следва да е разширително. И двата акта (DCFR и PECL) изискват силата да е извън контрола на длъжника. Това е едно развитие на изискването за непредотвратимост, което въвежда до известна степен субективен

---

[189] За последните като източник на облигационните отношения вж. Кожухаров, А. Облигационно право – общо учение за облигационното отношение. Кн. I (ред. О. Герджиков). С.: Софи–Р, 1996, с. 32.

елемент, а именно – реалните възможности и способности на длъжника. Така максимално общо формулираните норми се пречупват през конкретното, оформяйки еклектичната амалгама на съвременното разбиране за непреодолима сила – съчетание на субективни и обективни елементи.

Друго предимство на разглежданите разпоредби е избягването на термина „събитие" (който използва нашият ТЗ) и използването на понятие, което може да обхваща както човешки действия, така и юридически събития. В тази насока следва да се тълкува и нашият закон и е най-добре de lege ferenda да се изостави употребата на това понятие.

Интерес представлява и разпоредбата на чл. III. – 3:104 DCFR (4), по отношение на която се поставя въпросът дали прекратяването има обратно действие или не, и ако има обратно действие – докъде се простира то[190]. Всъщност преценката на въпроса следва да е фактическа. Явно е, че не може да се развали с обратна сила договор със задължение за периодично изпълнение, който е бил изпълняван няколко години, а след това настъпва обективна невъзможност за изпълнение. Решаващият фактор най-често е двустранната връзка

---

[190] Bineva, V. Change of Circumstances. In: Antoniolli, L., F. Fiorentini (Eds.). A Factual Assessment of the Draft Common Frame of Reference. Munich: Sellier. European law publishers, 2011, p. 96 отбелязва, че не е ясно дало прекратяването има обратно действие или е занапред.

между насрещните задължения по един договор. Ако за едно от тези задължения настъпи невъзможност поради непреодолима сила, се спира изпълнението на насрещната престация, а ако последната е вече изпълнена, тя се връща по правилата за връщане на даденото. Това следва да бъде взето предвид и в нашата уредба, за да се разсеят всякакви съмнения относно това дали се касае за прекратяване занапред или за разваляне с обратна сила до определен момент.

## 5. Същност на непреодолимата сила.

### 5.1. Характеристика на обстоятелството – непреодолима сила.

Разпоредбата на чл. 306, ал. 2 ТЗ използва понятието „събитие", за да опише непреодолимата сила. Това дава основание на някои автори[191] и на част от съдебната практика[192] да приемат, че се има предвид юри-

---

[191] Вж. Георгиев, А. Цит. съч., с. 26.
[192] Вж. Определение № 691 от 27.10.2011 г. на ВКС по т. д. № 5/2011 г., II т. о., ТК; Решение № Т-154 от 26.03.2010 г. на САС по т. д. № 1719/2009 г., ТО, 5-ти с-в; Решение № 1304 от 17.11.2006 г. на ОС - Варна по адм. д. № 142/2005 г., АО, IV-ти с-в; Решение № 161 от 21.07.2009 г. на ВтАС по в. гр. т. д. № 314/2009 г., ГК; Решение № 380 от 20.02.2007 г. на ВтАС по в. гр. т. д. № 142/2006 г., ГК; Решение № 428 от 15.12.2009 г. на АдмС - Велико Търново по адм. д. № 371/2009 г., 3-ти с-в. Така в Решение № 736 от 05.10.2009 г. по гр. д. № 1447/2008 г., г. к., I г. о. на ВКС се приема, че наводнението от несрян водопроводен кран в жилище, което не се обитава постоянно не е непреодолима сила, тъй като

дическо събитие. Такива са земетресения, градушки, наводнения, силни валежи, бури и други, които са извън волята на човека. Това мнение не е безспорно. В литературата[193] и съдебната практика[194] се застъпва и обратното. Следва да бъде споделено разбирането, че и действия на човека могат да бъдат непреодолима сила. Вяр-

---

представлява бездействие на човека, а „[н]епреодолима сила е земетресение, наводнение и прочие бедствия предизвикани от сили извън волята на човека." Струва ми се, че крайният извод на съда е правилен, но не поради изложените аргументи. Наводнението не представлява vis major не защото е (без)действие на човека, а защото 1) е било преодолимо (като се спре кранът), 2) предвидимо (особено през зимния период) и 3) не е имало извънреден характер (не е сила, неподвластна на въздействието на обществото и на конкретния човек).

[193] В полза на разбирането, че непреодолимата сила може да е и природна, и човешка вж. Меворах, Н. Цит. съч., с. 80. Както отбелязва Ганев, В. Записки по търговско право. Том втори – Специални търговски сделки (договори) и менителница. С.: Печатница С. М. Стайков, 1914, с. 57 „[п]онятието «събитие» не винаги има значение на природна сила. Като «събитие» трябва да се тълкуват и ония действия на хората, които не могат релативно да се предотвратяват – напр. кражбата…".

[194] И човешки действия могат да са непреодолима сила според Решение № 20 от 17.03.2009 г. на БАС по т. д. № 286/2008 г., ТО. Цитираната от Калайджиев, А. Облигационно право – обща част. С.: Сиби, 2007, 316-317 съдебна практика приема, че непреодолима сила могат да бъдат актове на държавни и общински органи (решение на общински съвет), нормативни актове (закон и постановление на Министерския съвет, нормативен акт за налагане на ембарго и мораториум, нормативен акт за установяване на митическа забрана за внос или износ), щом като са непредотвратими.

но е, че юридическите събития са юридически факти, настъпващи независимо от волята на човека, които най-често са природни сили[195]. При относителните юридически събития естествените процеси са породени от действие на човека[196]. Но защо един грабеж да не може да бъде непреодолима сила? Защо да не е възможно стачка, протест или война да направят изпълнението невъзможно, щом като и те са големи известни събития, които не могат да бъдат измислени, предотвратени, а и предвидени към момента на поемане на задължението[197]? Изпълнението може да бъде препятствано и от актове на държавна власт, като забрана за износ на стока например. Една вещ може да бъде извадена от граждански оборот (res extra commercium) или да е въведена временна забрана за търговия с нея. На мен ми се струва, че волята на законодателя е била друга. Използваното понятие „събитие" не винаги назовава юридическото събитие като юридически факт на гражданското право. Съществуват редица други случаи в нормативни актове, където събитието се обозначава като човешко действие или се употребява в широк смисъл – като юридически факт изобщо. Така чл. 82 и чл. 90б от Закона за авторс-

---

[195] Вж. Павлова, М. Гражданско право – обща част. С.: Софи-Р, 2002, с. 419.

[196] Вж. Ташев, Р. Обща теория на правото. С.: Сиби, 2005, с. 171.

[197] Интересен е изразът, обозначаващ в английското право обстоятелства от извънреден характер – acts of god or the queen's enemies (божествена и неприятелска сила). Той обхваща в себе си както природните сили, така и действията на човека.

кото право и сродните му права го използва, за да означи човешки действия (публикуване и разгласяване на запис на изпълнение). От друга страна, чл. 25 ЗЗД определя условието като бъдещо несигурно събитие. Няма съмнение, че в случая се има предвид както съзнателно човешко действие, така и юридическо събитие[198]. С оглед на изложеното, може да се заключи, че няма сериозни правно-логически и догматични аргументи да се стига до едно толкова рестриктивно тълкуване на разпоредбата. Последната следва да се тълкува разширително. В този смисъл, както беше посочено по-горе, терминът „възпрепятстване", употребен в PECL и DCFR е по-точен, защото обхваща юридически факти от всякакво естество. Въпреки всичко, за да се избегне противоречива и неправилна съдебна практика, а и с оглед на юридическата яснота на института, следва de lege ferenda терминът събитие да бъде заменен с по-недвусмислен и с по-широко съдържание, като „обстоятелство" например.

На следващо място, събитието, което съставлява непреодолима сила, не трябва да е причинено от длъжника, независимо дали се касае за относително юридическо събитие или за юридическо действие. Това следва логически от текста на закона, тъй като в този случай събитието няма как нито да е непредвидимо, нито неп-

---

[198] Така Павлова, М. Цит. съч., с. 498, която отбелязва, че терминът „събитие" е използван като синоним на юридически факт, включващ събитие в тесен смисъл и съзнателно човешко действие.

редотвратимо, след като длъжникът е този, който го е предизвикал. Ако става дума за договорно отношение, щом като събитието е било извън волята на договарящите страни при сключването на договора, т.е. е непредвидимо, то няма как да се приеме, че събитието може да се причини от самите договарящи. С други думи, няма как едно лице да твърди непредвидимост на събитието и едновременно с това то да го е причинило. А ако събитието е резултат на проявена от длъжника небрежност (например пожар, предизвикан от недогледжане), явно е, че тъкмо небрежното поведение е предизвикало противоправния резултат. В тези случаи релевирането на непреодолима сила от длъжника ще противоречи на общия за гражданското и търговското право принцип на добросъвестността[199].

В литературата се сочи, че събитието трябва да е външно спрямо предприятието и личността на длъжника, за да бъде част от фактическия състав на непреодолимата сила[200], така че например ако техника и машини на длъжника са причинили пожар заради късо съединение, то няма да е налице force majeure. Това се обяснява с влиянието на френското законодателство и доктри-

---

[199] Вж. Калайджиев, А. Търговско..., с. 20. Мястото на добросъвестността като принцип на гражданското право не е общоприето в литературата. Поради общия ѝ характер обаче считам, че тя се отнася към принципите, общи за гражданското право – вж. чл. 12 ЗЗД.
[200] Така Ангелов, С. Цит. съч., с. 79.

на[201]. Така, чл. 1147 от Code civil изисква неизпълнението да произтича от една външна причина (cause étrangère), за която длъжникът не отговаря[202]. От своя страна, в СЕО, Решение от 18 март 1980 година, SpA. Ferriera Valsabbia и други срещу Комисията на Европейските общности, обединени дела 154, 205, 206, 226 до 228, 263 и 264/78, 39, 31, 83 и 85/79 се отбелязва, че „установяването на обстоятелства на непреодолима сила предполага, че *външна причина*, на която се позовават лицата, е довела до последици, които са до такава степен непреодолими и неизбежни, че изпълнението на задълженията на лицата да стане обективно невъзможно" (курс. мой – Я.Н.). В определение № 1317 от 29.10.2009 г. по гр. д. № 1223/2009 г., г. к., III г. о. на ВКС също се застъпва разбирането, че непредвиденото и непредотвратимо събитие с извънреден характер следва да е „външно за вещта". В съвременната литература разбирането за външен характер на събитието се критикува и обявява за несъстоятелно[203]. Считам, че за да се вземе отношение по този въпрос, следва първо да се изясни значението на понятието „външно". Не може да бъде подкрепена тази позиция, която схваща това понятие като чисто локално разположение на причината за невъзможността извън предприятието на длъжни-

---

[201] Вж. Апостолов, И. Облигационно право – общо учение за облигацията. С.: 1947, с. 234.

[202] В подобен смисъл е бил и чл. 1225 от стария италиански граждански законник.

[203] Така Калайджиев, А. Облигационно..., с. 315.

ка[204]. Този проблем се поставя понастоящем в световен мащаб с оглед на евентуално настъпване на компютърен срив в предприятието на длъжника. Вярно е, че когато непреодолимата сила изхожда от предприятието на длъжника, трудността от доказването, че не той именно е причинил невъзможността за изпълнение, е по-голяма. Едно е например земетресение да е разрушило склада с вещи на длъжника, друго е причината да бъде пожар, изхождащ отвътре. Но доказателствените трудности не променят целта на института. Породена първоначално в римското право като голямата известна случка, която разсейва всякакви съмнения за вина, обществените отношения са се развили и днес е несъмнено много по-трудно длъжникът да измисли съществуването на непреодолима сила. Дори и събитието да е причинено от машини или персонал на длъжника, това не означава, че не може да бъде доказан произходът на невъзможността. Така, с помощта на съвременна техника, знания и умения може до голяма степен да бъде установено, че например едно късо съединение е причинило пожар, а не умишленото или небрежно поведение на длъжника. Именно страната, релевираща непреодолима сила, е тази, която трябва да докаже, че невъзможността не е причинена от нея. Трудността от последното не означа-

---

[204] Вж. цитирания от Ангелов, С. Цит. съч., с. 75 автор. Според това разбиране избухването на една бомба на кораб никога не може да се разглежда като vis major, поради факта, че причината за невъзможността се е намирала на длъжниковия кораб.

ва, че трябва да бъде лишена от тази възможност[205]. С оглед на изложеното, категорично не може да бъде споделено преобладаващото в съдебната практика разбиране, че не могат да бъдат разглеждани като непреодолима сила промените в здравословното или физиологичното състояние на човека[206].

Но външността на събитието може да бъде разглеждана и иначе. Както удачно е казано в чл. 8:108 PECL и чл. III. – 3:104 DCFR, длъжникът не отговаря ако възпрепятстването е „извън неговия контрол"[207].

---

[205] В този смисъл вж. McKendrick, E. Contract Law – Text, Cases, and Materials. New York: Oxford University Press, 2008, p. 730, който отбелязва, че страната, която е виновна, няма да бъде в състояние да релевира невъзможност, заради трудността, която тя неизбежно ще срещне в доказването на непреодолима сила, извън нейния контрол.

[206] В подкрепа на застъпваното от мен становище вж. решение № 8963 от 9.10.2003 г. на ВАС по адм. д. № 3141/2003 г., I о.

[207] В СЕС, Решение от 8 юли 2010 година, Европейска комисия срещу Италианска република, дело С-334/08 непреодолимата сила се определя като „извънредни и непредвидими обстоятелства, които са извън контрола на позоваващото се на нея лице и чиито последици не са могли да бъдат избегнати въпреки положената дължима грижа." Почти същата дефиниция се дава и в СЕО, Решение от 22 януари 1986 година, Denkavit France SARL срещу Fonds d'orientation et de régularisation des marchés agricoles (FORMA), дело 266/84. А в СЕО, Решение от 8 март 1988 година, Anthony Mcnicholl Ltd и други срещу Министъра на земеделието, дело 296/86 се приема, че „макар това понятие да не предполага абсолютна невъзможност, независимо от това то изисква неизпълнение на въпросното действие да се дължи на обстоятелства извън контрола на лицето, позоваващо се на

Това разрешение следва да намери своето приложение и у нас. Макар и да не е изразено изрично, то е залегнало имплицитно в разпоредбата на чл. 306, ал. 2 ТЗ. Изискванията за непредвидимост, непредотвратимост и извънреден характер указват тъкмо на факта, че се касае за обстоятелство, което е извън сферата на влияние на длъжника, в рамките на която той носи отговорност за поетия от него риск[208]. Преценката за последното е фактическа и зависи от това дали отговорността е обективна или не, дали длъжникът е търговец или не и т.н. Най-голям риск е възложен на онзи длъжник, чиято отговорност е безвиновна. Той трябва да полага грижи, далеч по-големи от обичайните и във всеки случай не може да се освободи от отговорност заради настъпването на едно случайно събитие[209].

---

непреодолима сила, които обстоятелства са необичайни и непредвидими и чиито последици е било невъзможно да бъдат избегнати въпреки полагането на цялата дължима грижа". Също определение се излага и в СЕО, Решение от 27 октомври 1987 година, Ioannis Theodorakis Viomichania Elaiou AE срещу Гръцката държава, дело 109/86. Прави впечатление еклектичният характер на тези определения, съчетаващ обективни („извънредни и непредвидими обстоятелства", „обстоятелства извън контрола на лицето", „необичайни и непредвидими") със субективни („дължимата грижа") елементи.

[208] В насока, че чл. 8:108 PECL изисква от длъжника да не носи риска от настъпването на събитието вж. Hesselink, M., G.J.P. de Vries. Principles of European Contract Law.: Kluwer, 2001, p. 167.

[209] Това дава основание на някои автори да определят предприятието на длъжника като „един вид осигурително

На тази характеристика следва да се настои, защото именно рисковият характер на дадена дейност води до по-висока отговорност, от която даден длъжник може да се освободи само ако докаже непреодолима сила[210]. В единия случай това е обективната отговорност, независимо дали уредбата ѝ е в гражданското или търговското право, а във втория това е отговорността на търговеца, който също отговаря за определени рискове, за които длъжникът в гражданското право не носи отговорност. Може да се обобщи, че за да е налице непреодолима сила е необходимо, от една страна, тя да не е причинена от длъжника, а от друга – да е извън риска, който той носи. Последното поставя въпроса дали този риск може да бъде поет и по силата на самото договорно отношение.

На последния въпрос може да се отговори по следния начин. Разпоредбата на чл. 306 ТЗ е създадена в обществен интерес и следователно има императивен характер. В полза на това разбиране може да се наведат няколко реда съображения. На първо място, ако се приеме противното, означава, че длъжникът, носещ обективна отговорност (напр. превозвачът), който често е икономически по-силна страна, може да наложи на дру-

---

заведение за тези, които са в съобщение с него" – вж. Ангелов, С. Цит. съч., с. 70 и цитираните от него автори.

[210] Че непреодолимата сила е случайно събитие, в което не са включени рисковите фактори на дадена дейност смята Калайджиев, А. Облигационно... , с. 316, както и Конов, Т. Цит. съч., с. 203.

гата страна тя да поеме риска от настъпването на противоправния резултат, причинен от невъзможността – увреждането на чужди блага или непостигането на дължимия по договора резултат, стеснявайки своята отговорност. Едва ли има някакво съмнение, че длъжникът ще направи всичко възможно да се възползва от тази възможност. А така ще се обезсмисли съществуването на стриктните отговорности.

От друга страна, практиката налага включването на клаузи в договорите, предвиждащи обективна невъзможност за изпълнение при по-широк кръг от хипотези – при настъпването на юридически факти, които може и да не са непредвидими, непредотвратими и извънредни, но въпреки това правещи изпълнението невъзможно. Считам, че може да се мисли в насока тази възможност да бъде допусната само когато рискът се възлага не търговец, но не и на гражданскоправен субект. Търговците са по-опитни, това е тяхна професия и може да се очаква, че ще носят отговорността за рисковете, които са поели[211]. С направеното уточнение следва да се възпри-

---

[211] Но следва да се има предвид, че дори английското право, което разширява до крайна степен разбирането, че който е поел риска от нещо ще отговаря винаги, обособява отделни хипотези, при които длъжникът ще се освободи от отговорност, макар и да я е поел по силата на договор – вж. McKendrick, E. Op. cit., p. 726. Авторът посочва, че дори в договора да има включени клаузи за отговорност за „стачки" и „войни", те не включват в себе си събития като национална обща стачка или войни от ранга на Първата или Втората световна.

еме изразеното в определение № 988 от 31.07.2009 г. по гр. д. № 479/2009 г., г. к., IV г. о. на ВКС разбиране, че „страните по договора могат да прехвърлят риска... дори за последиците от действието на непреодолима сила (напр. при договорите за застраховка)", но не може да се сподели пределната категоричност на съждението, намерило място в решение № 219 от 17.12.2004 г. по гр. д. № 518/2004 г. на Ямболски окръжен съд, че договарящите могат да преодолеят правилата, касаещи случайното събитие и непреодолимата сила, със самия договор – чл. 20а ЗЗД.

Обратното обаче, а именно да бъде стеснено или дори изключено приложението на чл. 306 ТЗ, както и да бъде възложен рискът на нетърговец (който често е икономически по-слабата страна), считам, че не е възможно, поради императивния характер на разпоредбата. А когато се касае за потребителски договор, ще е налице неравноправна клауза, доколкото е налице някое от изискванията на чл. 143 от Закона за защита на потребителите (ЗЗП). Изброяването в договора само на някои форсмажорни събития не може да изключи приложението на института и за други такива, щом като са налице елементите от фактическия състав на непреодолимата сила[212]. Иначе ролята на института да бъде коректив на pacta sunt servanda в извънредни, непредвидими и непредотвратими ситуации ще бъде леко обезсмислена.

---

[212] Вж. в този смисъл Гайдаров, П. Граници на договорната и деликтната отговорност. С.: Сиела, 2011, 117-118.

С оглед на изложеното, не може да бъде споделена изразената в решение № 579 от 17.04.2003 г. по гр. д. № 1329/2002 г., V г. о. на ВКС теза, че за да се окачестви едно събитие като непреодолима сила, е необходимо „не само то да е настъпило, но и неговото настъпване да не може да се вмени във вина на длъжника". От една страна, при така наречените обективни отговорности вината е правно ирелевантна и наличието ѝ, респ. липсата ѝ не подлежат на изследване. От друга страна, когато се установи, че непреодолима сила е направила изпълнението невъзможно, се презюмира, че длъжникът не носи вина за неизпълнението, а не обратното – доказването на липса на вина не е предпоставка за релевирането на vis major.

Институтът така, както е уреден в чл. 306 ТЗ, включва в себе си едновременно обективното и субективното разбиране за непреодолима сила. Затова е уместно определянето на дефиницията в чл. 306, ал. 2 ТЗ като имаща еклектичен характер[213]. Непредотвратимостта е свързана със субективната невъзможност на длъжника да преодолее обстоятелството, респ. неговите последици, от една страна, а от друга – това е непредотвратимостта за всеки, за обществото като цяло. По същия начин непредвидимостта може да бъде разглеждана като свързана със събитието само по себе си – една мълния е винаги непредвидима[214]. Но в същото време

---

[213] Така Калайджиев, А. Облигационно..., с. 315.
[214] Вж. Ангелов, С. Цит. съч., с. 77.

стои субективната възможност, респ. невъзможност на длъжника да предвиди едвентуалното настъпване на обстоятелството и неговите последици – когато се задава гръмотевична буря е нормално да се очаква, че мълния може да нанесе щети. Съчетаването на субективни и обективни елементи хармонира с разбирането на С. Ангелов, че субективната и обективната теория за непреодолима сила трябва да бъдат съединени, с оглед на правилното определяне на понятието vis major[215]. На кой от елементите ще се наблегне, зависи от конкретния случай. Така, когато се касае за обективна отговорност, определящо ще е характеризирането на извънредното обстоятелство, на неговата „голяма сила". Извън тези случаи ще се вземе предвид освен горното и грижата, която длъжникът е положил, респ. това, което разумно може да се очаква, че е предвидил и могъл да предотврати. Извън рамките на обективната отговорност, приложното поле на института е най-вече при търговците, при които се взема предвид грижата на добрия търговец във всеки един случай, в зависимост от конкретната обстановка и професия – добрия превозвач, банката или финансовата институция – наемодател на сейф[216] и др.

---

[215] Пак там, 79-80.

[216] В определени случаи законодателят може така да разпредели риска, че длъжникът да не може да се освободи от отговорност дори и при непреодолима сила. В този смисъл, отменената уредба на договора за банкова касетка е предвиждала, че банката отговаря и ако вложеното погине поради непреодолима сила. Понастоящем важат общите правила и наемодателят на сейф може да се освободи от отговорност в този случай.

С други думи, преценката за това дали е налице непреодолима сила следва да е конкретна, а не абсолютна, защото във всеки отделен случай са различни възможностите, задълженията и рисковете, които е поел длъжникът – няма абсолютен отговор на въпроса какво значи невъзможност[217]. В същото време действащото право е различно – една промяна на законодателството може да доведе до невъзможност на изпълнението и обратно[218].

---

[217] Или както образно се пита Меворах, Н. Цит. съч., с. 82 – „Но какво значи „невъзможност"? Обграденият от наводнението контрагент би могъл да си достави ладия (и да я построи даже!) и с нейна помощ да се отзове в местоизпълнението на договора... застаналата на пътя поради катастрофа стока би могла на ръце да бъде прехвърлена оттатък счупения мост; Жан Валжан се покатерва по отвесна стена, други изкъртват гранити, трети извиват железа, изплават широки пространства... какво значи „невъзможност"?". Авторът стига до заключението, че „понятието „невъзможност" се прелива в това на „необикновена мъчнотия"". Това невинаги е вярно, тъй като ако последната има стопански характер, ще се приложи институтът на стопанската непоносимост. От друга страна, този проблем намира отговор тъкмо като се приложи субективният елемент от конструкцията на непреодолимата сила – да се вземе предвид дължимата грижа и рисковете, които е поел конкретният длъжник и това, което нормално можем да очакваме от него.

[218] В този смисъл Апостолов, И. Цит. съч., 236-237. С оглед на това авторът отбелязва, че понятието юридическа невъзможност е относително.

## 5.2. Извънреден характер и непредотвратимост на последиците.

Двете понятия са тясно свързани, тъй като извънредният характер на възпрепятстващото обстоятелство указва на такова измерение на непреодолимата сила, че тя да не може да бъде преодоляна с наличните възможности на обществото, като се има предвид нивото на развитие на науката и техниката. Извънреден означава „който става извън определения ред и програма"[219]. С други думи, извънредното събитие има не закономерен, нормален характер, а случаен такъв[220]. В този смисъл, ако на определено място периодично падат проливни дъждове, които причиняват наводнения, то това има закономерен характер и длъжникът може да предотврати събитието и неговите последици, ако ги е предвидил. Макар и валежите да са предвидими, длъжникът може да не е предвидил последиците им или факторите на обстановката да са се наслoжили така (длъжникът, знаейки, че ще вали, е прибрал индивидуално определени от страните подправки в склад, но покривът

---

[219] Вж. Андрейчин, Л. и др. Български тълковен речник. С.: изд. на БАН, 1993, с. 266.

[220] Вж. Кожухаров, А. Цит. съч., с. 220. Във връзка със случайния характер на vis major в решение № 25 от 5.11.2009 г. на РС - Чирпан по гр. д. № 5/2009 г. се приема, че сушата не е непреодолима сила тъкмо „защото е периодично повтарящо се събитие на неравни периоди, по-скоро закономерно отколкото случайно, в който случай предвиждането на сушави години е задължение на добрия търговец, занимаващ се по занятие със селско стопанско производство".

е протекъл и те са погинали), че длъжникът да се освободи от отговорност, като докаже случайно събитие. Но няма да е налице непреодолима сила, защото тези валежи не са нещо извънредно. Друго е положението ако например падналите валежи са например с 315 % повече от месечната норма за даден период в определен район[221] - това събитие ще има извънреден характер. С други думи, извънредността на обстоятелството е една от отликите на непреодолимата сила, разграничаващи я от случайното събитие. При непреодолимата сила възникналото обстоятелство и последиците му са не просто непредотвратими (защото не са предвидени), но и извънредни. Тъкмо заради последната характеристика, обстоятелството не може да бъде преодоляно, дори и да бъде предвидено известно време преди проявлението му[222]. Ако се използва горният пример, това означава, че извънмерните валежи може да се прогнозирани определен период преди настъпването им, но каквито и предпазни мерки да се вземат, последиците са непредотвратими (унищожаването на реколтата няма как да бъде предотвратено). Затова не може да бъде споделено изказаното в литературата становище, че елементът извънредност от легалната дефиниция следва да отпад-

---

[221] За такава фактическа обстановка вж. решение от 30.04.2003 г. по ВАД № 141/2002 г.
[222] Тук не става дума за непредвидимостта като категория, която подлежи на преценка към момента на поемане на задължението.

не[223]. Считам, че разпоредбата е точна в този си елемент и следва да се запази.

Непредотвратимостта е също елемент, визиран в разпоредбата на чл. 306 ТЗ. Но последната го използва като прилагателно само по отношение на събитието. Смятам, че разпоредбата следва да се тълкува разширително. Касае се за непредотвратимост не толкова и не само на настъпилото обстоятелство, колкото на неговите последици. Именно те са съществени за настъпването на противоправния резултат. В този смисъл, чл. 8:108 PECL е по-точен: от нея (*страната* – бел. моя – Я.Н.) не е могло разумно да се очаква... да избегне или преодолее възпрепятстването или последиците му". Разбира се, когато бъде преодоляно самото събитие, въпросът за настъпването на последиците от него не се поставя. Следва да се възрази на изказаното в литературата схващане, че непредотвратимостта не е важна и необходима характеристика на непреодолимата сила[224]. Напротив, тя е един от основните конститутивни елементи, изграждащи същността на института. Това се вижда ясно дори и от наименованието му *непреодолима сила*. Ако едно обстоятелство и неговите последици могат да бъдат преодолени/предотвратени, то изобщо

---

[223] Вж. Калайджиев, А. Облигационно... , с. 315. Авторът не привежда аргументи в подкрепа на тезата си. Считам, че следва да са налице сериозни основания, за да се прави корективно тълкуване на дадена разпоредба. Възможно ли е да е непреодолима сила събитие, което няма извънреден характер?

[224] Вж. цитирания от Ангелов, С. Цит. съч., с. 75 автор.

няма да е налице обективна невъзможност на изпълнението. Така, не е достатъчно буйният вятър, довел до прекъсване на електричеството да не е бил предвиден, за да е налице непреодолима сила, щом като аварията е могла да бъде предотвратена при поддържане на електропреносната мрежа в състояние, осигуряващо безаварийност на проводниците при условия на по-силен вятър – вж. определение № 1357 от 01.10.2009 г. по гр. д. № 1010/2009 г., г. к., IV г. о. на ВКС. Както правилно се посочва в последното, преценката за това дали е преодолимо настъпилото събитие е с оглед нивото на развитие на техниката. Това е свързано и с по-общата идея, че непреодолимата сила е непредотвратима не само за конкретния длъжник, но и за обществото като цяло на дадено ниво от неговото развитие.

### 5.3. Непредвидимост на обстоятелството.

Всъщност ТЗ използва понятието „непредвидено". Непредвидеността се свързва с фактическата, реална и конкретна липса на представа у длъжника относно настъпването на непреодолима сила и нейните последици. Разпоредбата обаче трябва да се тълкува корективно – касае се за непредвидимост. Необходимо е длъжникът не само да не е предвидил събитието към момента на възникването на задължението, но също да не е могъл и да не е бил длъжен да го направи[225]. Неп-

---

[225] Според Георгиев, А. Непреодолимата сила като основание за освобождаване от отговорност за неизпълнение на задължение,

реодолима сила е събитие, което е непредвидено и непредвидимо от страните. С други думи, преценката за непредвидимост е свързана с това дали от длъжника би могло при конкретната фактическа обстановка да се очаква да е взел възникналото обстоятелство предвид *към момента на поемане на задължението*. Именно последният момент е релевантен, защото тъкмо тогава е обективирана волята му за обвързване.

Трудността вече се проявява когато трябва да се запълни със съдържание бланкетното понятие непредвидимост, извлечено от относително определената норма на чл. 306 ТЗ. Длъжна ли е страната да предвижда събития от всякакъв характер? Природните и човешки катаклизми са предвидими в смисъл, че всеки е наясно, че те могат да се случат. Всеки знае, че е възможно да паднат извънмерно количество валежи, да има земетресение или да настъпи сериозен компютърен срив, но до

---

произтичащо от търговска сделка. – Български законник, 2001, № 3, с. 93 непредвидимостта е налице, когато длъжникът не би могъл да предвиди събитието, макар да е положил грижата на добър стопанин и да е направил всичко необходимо за целта. Според автора чл. 79, ал. 1 от Виенската конвенция за международна продажба на стоки от 1980 г. съдържа елементи на концепциите за непредвиденост и непредвидимост, като регламентира компромисен вариант между двете. Това мнение не може да бъде споделено. Чл. 79 от Конвенцията регламентира именно непредвидимост, според застъпваното тук разбиране. Не може да бъде споделено и буквалното тълкуване на чл. 306, ал. 2 ТЗ, според което става дума за непредвидено събитие, а ЗЗД урежда непредвидимост.

каква степен е необходимо да бъдат взети мерки? Човек може да предвиди всякакви неща, но ако взема мерки за всяка една вероятност от настъпване на такива събития, дейността му, както и целият стопански оборот биха спряли[226]. Очевидно, във всеки конкретен случай, преценката трябва да е на базата на дължимата грижа, от една страна, и риска, който е поел длъжникът, от друга. Когато отговорността е виновна, се взема предвид грижата на добрия стопанин, респ. добрия търговец. Друго е положението при стриктната отговорност. В този случай преценката ще е на основата на това кой е поел риска. На длъжника не му е дадено да оборва презумпцията за вина, за да се освободи, защото, както удачно описва обективната отговорност С. Ангелов – „добрите и благоприятни страни на едно предприятие, една вещ, едно правно положение не бива да се отделят от вредните страни, а напротив, който използва първите, длъжен е да понесе и вторите"[227]. Така, ако превозвачът е приел да превози определен товар, то той е поел и риска от това, по силата на изрични законови норми – чл. 373 ТЗ, чл. 174 КТК, чл. 43 ЗАвП, чл. 102 ЗГВ и др.

---

[226] Вж. в този смисъл Конов, Т. Цит. съч., 199-200. Авторът посочва, че „[к]олкото по-сложни и изискващи усилия, в това число и финансови, са мерките срещу дадена възможна опасност, толкова по-нежелано е тяхното предприемане, когато опасността е само *абстрактно възможна*" (подч. мое – Я.Н.).

[227] Вж. Ангелов, С. Цит. съч., с. 77. Иначе казано, там където свършва рискът, там започва непреодолимата сила.

Макар и да е самостоятелен конститутивен елемент на непреодолимата сила, непредвидимостта е тясно свързана с непредотвратимостта на последиците от събитието. Те представляват двете страни на една и съща монета, което ще бъде илюстрирано с един пример. Така, въоръженият грабеж на хотел, в който клиент е оставил ценности, сам по себе си е непреодолим, щом като хотелиерът не е взел предварително мерки. Но дължимата грижа изисква от хотелиера да е предвидил, че е възможно да се извърши грабеж и да е взел подходящи мерки – такива, каквито са се установили в практиката и които се изискват съобразно грижата на добрия търговец. Ако не го е сторил, той ще отговаря, защото предвиждането на възможните неблагоприятни последици поражда задължението да бъдат взети предпазни мерки, които правят събитието (наемане на допълнителна охрана) и неговите последици (поставяне на камери) преодолимо[228].

### 5.4. Алтернативност или кумулативност на непредвидеността и непредотвратимостта?

Разпоредбата на чл. 306, ал. 2 ТЗ указва на алтернативния характер на двете понятия. Това разбиране

---

[228] Вж. Beale, H., A. Hartkamp, H. Kötz, D. Tallon (Eds.). Cases, Materials and Text on Contract Law. Oxford and Portland: Hart Publishing, 2002, 594-595 и цитираното там съдебно решение. Авторите посочват, че е по-правилно да се говори за неизбежност, вместо за непредвидимост.

се критикува в литературата, в насока, че наличието на непредвиденост и непредотвратимост трябва да е кумулативно, а не алтернативно[229]. Привеждат се редица примери, довеждащи ad absurdum резултатите от буквалното прилагане на разпоредбата. Тези възражения са по принцип верни, но с едно съществено възражение. Обстоятелството следва да е непредвидено, освен непредотвратимо при задълженията, поети въз основа на договор и съответно – едностранна сделка. Само в тези случаи е разумно да се преценява дали към момента на поемането на задължението длъжникът е могъл да предвиди или не едно сравнително конкретно определено в бъдещето случване на непреодолимата сила, защото от неговата воля зависи дали ще поеме задължение или не. Ако е предвидил такова стичане на обстоятелствата (отново – достатъчно конкретно), той се обвързва на свой риск, защото е длъжен да действа добросъвестно при поемането на задължението – чл. 12 ЗЗД. Затова категорично следва да се възрази на изразеното в литературата разбиране, че елементът непредвиденост следва да отпадне, тъй като не е определящ[230].

---

[229] Вж. Голева, П. Цит. съч., 21-22 и Герджиков, О. Цит. съч., с. 52. Че непреодолимата сила е непредвидимо **и** непредотвратимо събитие се застъпва и в Решение № 961 от 17.10.2008 г. на ВКС по гр. д. № 2875/2007 г., I г. о.; Определение № 199 от 22.03.2012 г. по т. д. № 622/2011 г., т. к., II т. о. на ВКС и др.

[230] Вж. Калайджиев, А. Облигационно… , с. 317. Ако се възприеме това разбиране, означава да се насърчи недобросъвестността на субектите в гражданското и търговското право. Вярно е, че

Обратно – непредвидимостта е ирелевантна в случаите на извъндоговорна отговорност, защото тогава

непредвидимостта следва да се оценява на плоскостта абстрактно-конкретно възможно настъпване на непреодолимата сила. Законовото понятие съдържа в себе си достатъчно конкретна и реална опасност от случване на обстоятелството. Ако длъжникът е знаел от прогнозата за времето за валежи, многократно надвишаващи нормалните норми и се е задължил преди да е настъпило събитието, следва ли да го освободим от отговорност? Никой – нито длъжникът, нито обществото като цяло може да предотврати тези наднормени валежи. Те са непредотвратими. Но не и непредвидими – ако към момента на сключване на договора бъдещото им случване е достатъчно реално и конкретно. Друг е въпросът за земетресения и др. събития, които са само абстрактно възможни и поради това не можем да искаме от длъжника да взема мерки извън обичайните. Но те са предвидими на обществено равнище дотолкова, доколкото следва да се положи дължимата в оборота грижа от евентуално настъпване на земетресението – например строеж на сграда, склад и пр. по определените стандарти. В заключение се поставя въпросът – ако длъжникът е предвиждал настъпване на непреодолима сила, водеща до невъзможност за изпълнение, тогава защо се е обвързал? Наистина в случаите на извъндоговорна отговорност, както ще стане дума по-долу, непредвидимостта не е елемент от фактическия състав на непреодолимата сила. Но при договорната отговорност тя е безусловно необходим елемент. Вероятно мнението на автора е заимствано от по-старата търговскоправна доктрина. Така Ганев, В. Цит. съч., с. 57 приема, че „[v]is е случайно събитие, което не може да бъде **предвидено** от гледището на средните общочовешки познания, а *vis major* е събитие, което не може да бъде **предотвратено** с обикновените средства, с които разполага един превозвач" (подч. мое – Я.Н.). Оттук – гледището, че непредвидимостта е белег, който характеризира случайното събитие, а непредотвратимостта – непреодолимата сила.

длъжникът просто не е изразявал воля за поемане на задължение, за да се преценява непредвидима ли е била непреодолимата сила. Вярно е, че разпоредбата на чл. 306, ал. 1 ТЗ уточнява, че става дума за „търговска *сделка*" (курс. мой – Я.Н.). Но както вече беше отбелязано, институтът на непреодолимата сила намира приложение не само в търговското, но и в гражданското право далеч преди да бъде приета разпоредбата на чл. 306 ТЗ. Същевременно последната се прилага съответно за облигационните отношения. Има редица случаи на деликтни състави, уредени в ЗЗД, при които отговорността е обективна и тълкувателната практика на Върховния съд отдавна е установила, че освобождаването от отговорност може да се реализира само при непреодолима сила и изключителна вина на пострадалия или на трето лице – ПП на ВС № 7 от 1959 г. При отговорността за вреди, причинени от „неспособен" – чл. 47, ал. 2 ЗЗД, както и при тази за вреди, причинени от непълнолетни и малолетни – чл. 48 ЗЗД, за освобождаването се изисква от отговарящия да не е бил „в състояние да *предотврати* настъпването" на вредите (курс. мой – Я.Н.) – чл. 47, ал. 2 и чл. 48, ал. 3 ЗЗД. Но не се поставя изискването за непредвидимост на събитието, респ. на вредите. Логиката на това разрешение е очевидна – не става дума за доброволно поемане на задължение, чиито последици страната да може да определя, за да се взема под внимание предвидимостта на бъдещите събития. С оглед на изложеното считам, че непредвидимостта не е необходим елемент от дефиницията на непреодолима сила, що се отнася до извъндоговорната отговорност и обратно – в случая на договорна отговорност непредотвратимостта и непредвидимостта следва да са налице кумулативно, каквото е и тълкуването на доктрината и на съдебната практика[231]. Затова ще е най-добре законодателят да разпише това разбиране нормативно, диференцирайки двете посочени хипотези, за да съответства легалната дефиниция на останалата нормативна уредба и на обществените отношения. Друг е въпросът доколко законодателят следва да закрепва нормативни дефиниции и не е ли това задача на доктрината. Обратното поражда риска нормативната дефиниция да не обхване в себе си всички възможни хипотези, което и ще породи необходимостта от прибягване до корективно тълкуване.

### 6. Допълнителни изисквания.

#### 6.1. Задължение за уведомяване.

Важно е да се отбележи, че самото уведомяване от страна на длъжника за наличието на непреодолима сила и за нейните последици не е елемент от фактическия състав на института, а е проявление на правното

---

[231] В полза на разбирането, че непредвидимостта и непредотвратимостта са два кумулативно изискуеми белега вж. Определение № 220 от 23.04.2010 г. по т. д. № 1071/2009 г., т. к., II т. о. на ВКС.

действие на vis major[232]. Този извод може да бъде извлечен от разпоредбата на чл. 306, ал. 3 ТЗ, която указва на факта, че непреодолимата сила е вече настъпила, за да може длъжникът да уведоми насрещната страна за нея. При неуведомяване се дължи обезщетение за настъпилите от това вреди. Но се дължи обезщетение не за всички вреди от неизпълнението, а само за конкретните вреди, настъпили от неуведомяването. Иначе казано, подлежат на обезщетение вредите, които е могло да бъдат избегнати в случай на своевременно уведомяване. Преценката за размера им е фактическа и зависи от конкретния случай. Връчването на препис от жалбата и приложенията към нея, не представлява писмено уведомяване от длъжника за настъпилата непреодолима сила – решение от 17.12.2009 г. по гр. д. № 2114/2009 г. на Районен съд - Стара Загора.

---

[232] Обратно решение № 196 от 11.07.2008 г. на ВтАС по в. гр. т. д. № 167/2008 г., ГК, според което писменото уведомление в подходящ срок от длъжника до другата страна в какво се състои непреодолимата сила и възможните последици от нея за изпълнението на договора е елемент от фактическия състав на vis major. Че уведомяването е предпоставка за отпадането на отговорността се приема и в решение № 25 от 5.11.2009 г. на РС - Чирпан по гр. д. № 5/2009 г. Това разбиране е contra legem и не може да бъде споделено. То неоправдано препятства възможността длъжникът да се позове на непреодолима сила, макар и да не е уведомил другата страна писмено за нея и за възможните ѝ последици. Затова считам, че тази неправилна съдебна практика трябва да бъде изоставена час по-скоро. Още повече, че според мен de lege ferenda следва да отпадне писмената форма на уведомяването.

Струва ми се, че е разумно да се направи предложение de lege ferenda, вземащо предвид достиженията частноправните кодификации DCFR и PECL, да се изостави изискването уведомлението да е писмено, както и да се постави начален момент, от който започва да тече подходящият срок, а именно – моментът, в който длъжникът е узнал или е могъл да узнае за настъпването на непреодолимите обстоятелства. Писмената форма, която изисква нашият ТЗ наистина може да улесни доказването. Но щом като уведомлението може да се установи и по друг начин, защо да се ограничава длъжникът в начина, който ще избере. Ratio legis на уведомлението е кредиторът да вземе мерки, за да ограничи вредите. Колкото по-бързо това стане, толкова по-добре, а изискваната от закона форма само може да забави узнаването. Въвеждането на начален момент на срока е с оглед на яснота.

### 7. Последици от непреодолимата сила.

Съгласно чл. 306, ал. 4 ТЗ, докато трае непреодолимата сила, изпълнението на задълженията и на свързаните с тях насрещни задължения се спира. На пръв поглед може да се стигне до извода, че спирането трае до момента, в който изчезне обстоятелството, причинило невъзможността. Но това не е достатъчно. Изпълнението се отлага, докато премине не само непреодолимата сила, но и нейните неблагоприятни последици, препятстващи изпълнението. Може да се остане с впечатлението, че това правило намира приложение само в областта на търговското право. Както се посочи обаче, уредбата на непреодолимата сила в ТЗ намира приложение и в гражданското право. Следователно алинея 4 на чл. 306 ТЗ има сила и в гражданското право[233].

Другата възможна последица е прекратяване на договора. Прекратяването, на първо място, се свързва с едно трайно присъствие на непреодолимата сила и нейните последици, препятстващо изпълнението. Затова чл. 306, ал. 5 ТЗ дава правото на прекратяване, когато *непреодолимата сила трае толкова* (подч. мое – Я.Н.), че страната няма интерес от изпълнението. Но това разрешение съдържа в себе си и невъзможността при т.нар. фикс-сделки, при които независимо от продължителността на невъзможността, кредиторът губи интерес от изпълнението. Правилно в литературата се отбелязва, че не е без значение в чия полза е уговорен срокът за изпълнение при такива сделки[234]. Мисля, че разрешението в чл. 306, ал. 5 ТЗ, даващо избора на страната дали да прекрати договора, е по-добро от това на чл. 89 ЗЗД, уреждащ разваляне по право. Считам, че по принцип трябва да се избягва хипотезата на т.нар. автоматично прекратяване, освен в случаи на абсолютна и трайна невъзможност. Това може да се илюстрира с един пример[235]. Ученици наемат ресторант, за да отпразнуват

---

[233] Вж. Калайджиев, А. Облигационно… , с. 313.

[234] Вж. Меворах, Н. Цит. съч., с. 81.

[235] Пак там, с. 81.

абитуриентския си бал на определена дата. През нощта преди събитието късо съединение причинява сериозна повреда на осветлението на ресторанта. Собственикът на ресторанта е в обективна невъзможност да изпълни. Учениците може да нямат интерес събитието да се проведе на по-късна дата. Но може и да предпочетат собсвеникът да им предостави ресторанта след няколко дни, когато вече повредите са отстранени. Обратно, собственикът на ресторанта не може да иска от учениците да ползват ресторанта в друг ден, защото срокът е установен в полза на учениците.

Въпросът има и друга страна. Ако кредиторът е изгубил интерес и прекрати договора, кой ще обезщети длъжника за вредите[236] – последният може да е продал купените от него стоки, преди да ги получи, възможно е да става дума за vente à livrer (продажба при доставка)? Отговор дават правилата за разпределение на риска[237]. Така например, ако става дума за преминала вече собственост на една вещ върху купувача, настъпилата впоследствие обективна невъзможност за продавача да предаде вещта е за риск на купувача – вещта погива за собственика.

Според преобладаващото мнение в съдебната практика, прекратяването по чл. 306, ал. 5 ТЗ има дейс-

---

[236] Пак там, с. 81.
[237] Вж. Кожухаров, А. Цит. съч., 224-229.

твие занапред[238]. Прекратяването на договорите, когато е предвидено в закона, е различно от развалянето и разпоредбите, където законодателят говори за прекратяване – чл. 306, ал. 5, чл. 307 ТЗ, чл. 20а, ал. 2 и чл. 25 ЗЗД, дават основание да се приеме, че законодателят свързва прекратяването на договорната връзка за в бъдеще, а не с обратно действие. Прекратяването на договора е понятие, което изразява едностранно прекратяване на съществуващата договорна връзка поради наличие на законово основание или предвидена в самия договор възможност. В случая е налице законово основание – чл. 306, ал. 5 ТЗ. Употребеният от законодателя термин „прекрати" не е случаен. Той указва на факта, че правоотношението се прекратява занапред. Обаче ако поради факта, че срещу задължението, чието изпълнение е станало невъзможно поради обективна невъзможност, стои съответстващо задължение на другата страна, считам, че ако последното е изпълнено, при прекратяване по чл. 306, ал. 5 ТЗ даденото трябва да бъде върнато по правилата за връщане на даденото.

## 8. Заключение.

Непреодолимата сила е един от спорните институти на правото. Това произтича не само от факта, че уредбата ѝ в Търговския закон е сравнително нова, но и защото приложението на този институт е извънредно –

---

[238] Така Решение № 1694 от 11.11.2002 г. на ВКС по гр. д. № 1265/2002 г., V г. о.; Решение от 5.02.2008 г. по ВАД № 77/2007 г.

в редките случаи, които са от такова измерение, че принципът pacta sunt servanda трябва да отстъпи място. Това означава, че използването на непреодолимата сила е нужно да е по изключение, но това не означава неизяснено. Налице са редица несъвършенства на уредбата, които са предмет на критика и коректно тълкуване от страна на доктрина и практика. В същото време и в доктрината не съществува концептуално кохерентна идея за конститутивната същност на института. А наличието на един общ пазар в рамките на Европейския съюз изисква предвидимост от страна на стопанските субекти кога ще могат да бъдат освободени от отговорност при невъзможност. За тази цел е необходимо изграждането на сравнително единно понятие за непреодолима сила в различните държави-членки на Съюза. Няколко работни групи по хармонизиране на частното право работят по този въпрос от години.

De lege ferenda следва да бъдат препоръчани известни корекции на разпоредбата, като например: да се премахне изискването за писмена форма на уведомяването; да се посочи откога започва да тече срокът за уведомяване; да се замени терминът „събитие" с по-подходящ, като например „обстоятелство"; „непредвидено" да се замени с „непредвидимо" или да се изложат обяснително понятията непредвидимост и непредотвратимост, както и да се уреди мястото и отношението между двете; да се уреди правното действие на прекратяването и възможността да се реституира полученото срещу задължението, станало невъзможно.

# БИБЛИОГРАФИЯ

1. *Андреев, М.* Римско частно право. С.: Софи-Р, 1975, 1992

2. *Андрейчин, Л.* и др. Български тълковен речник. С.: изд. на БАН, 1993

3. *Ангелов, С.* Понятието vis major. – Търговско право, 1999, № 5

4. *Ангелов, С.* Стопанска непоносимост на изпълнението. – Търговско право, 2002, № 5

5. *Апостолов, И.* Облигационно право – общо учение за облигацията. С.: 1947

6. *Буров, Ст. и колектив* – Съвременен тълковен речник на българския език. Велико Търново: Габеров

7. *Гайдаров, П.* Граници на договорната и деликтната отговорност. С.: Сиела, 2011

8. *Ганев, В.* Записки по търговско право. Том втори – Специални търговски сделки (договори) и менителница. С.: Печатница С. М. Стайков, 1914

9. *Георгиев, А.* Непреодолимата сила като основание за освобождаване от отговорност за неизпълнение на задължение, произтичащо от търговска сделка. – Български законник, 2001, № 3

10. *Георгиев, А.* Практически аспекти на приложението на чл. 306 ТЗ в търговските отношения. – Търговско и конкурентно право, 2009, № 9

11. *Герджиков, О.* (в съавт.) Коментар на търговския закон. Кн. I. С.: Софи-Р, 2007

12. *Герджиков О.* Търговски сделки, С.: Труд и право, 2008

13. *Голева, П.* Непреодолимата сила и нейното прилагане в съдебната и арбитражната практика. – Пазар и право, 2004, № 4

14. *Голева, П.* Облигационно право. С., 2006

15. *Диков, Л.* Институтът на clausula rebus sic stantibus в частното право. – Търговско право, 1994, № 1

16. *Диков, Л.* Институтът на clausula rebus sic stantibus в частното право (прод. от бр. 1/1994 г.). – Търговско право, 1994, № 2

17. *Дюнан, Ж., П. Пишона.* Римско право – речник на основните термини. С.: Сиела, 2007

18. *Иванова, Р., Б. Пунев, С. Чернев.* Коментар на новия граждански процесуален кодекс. С.: Труд и право, 2008

19. *Калайджиев, А.* Облигационно право. Обща част. С.: Сиби, 2007

20. *Калайджиев, А.* Облигационно право. Обща част. С.: Сиби, 2013

21. *Калайджиев А.* Търговско право – обща част. С.: Труд и право, 2010

22. *Кожухаров, А.* Облигационно право – общо учение за облигационното отношение. Кн. I (ред. О. Герджиков). С.: Софи–Р, 1996

23. *Конов, Т.* Основание на гражданската отговорност. – Във: Подбрани съчинения. С.: Сиела, 2010

24. *Конов, Т.* Подбрани съчинения. С.: Сиела, 2010

25. *Марков, М.* Договор за спогодба - характеристика и отграничения. – Търговско и конкурентно право, 2009, № 6

26. *Марков, М.* Облигационно право. Modus studendi, С.: Сиби, 2010

27. *Марков, М.* Разпореждане със семейното жилище – собственост на единия от съпрузите. – сп. „Собственост и право", 2010 г., № 2

28. *Матеева, Е.* Необходими промени в уредбата на стопанската непоносимост по чл. 307 от Търговския закон. – Във: Съвременното право – проблеми и тенденции. С.: Сиби, 2011

29. *Меворах, Н.* Vis major. – Търговско право, 2002, № 5

30. *Павлова, М.* Гражданско право – обща част, С., 2002

31. *Попов, П., Т. Конов.* Въпроси на недействителните сделки, сключени от недееспособни в съдебната практика. – сп. „Правна мисъл", 1985 г., № 5

32. *Розанис, С.* Договор за гледане и издръжка. – сп. „Социалистическо право", 1983 г., № 9

33. *Розанис, С.* Недействителност на сделките. С., „Фенея", 2009

34. *Русчев, И.* За съотношението между чл. 26, ал. 2 и чл. 31 ЗЗД в светлината на съдебната практика. – сп. „Търговско и конкурентно право", 2009 г., № 7

35. *Русчев, И.* Нищожност на договорите и едностранните сделки по чл. 26, ал. 1 ЗЗД. – сп. „Пазар и право", 2003 г., № 1

36. *Русчев, И.* Придобиване и отчуждаване на недвижими имоти от ООД при липса на решение на общото събрание (чл. 137, ал. 1, т. 7 ТЗ). – сп. „Търговско и конкурентно право", 2011

37. *Ставру, С.* Договор за спогодба. - Пазар и право, 2005, № 8, приложение „юридически фиш", информационна система на ИК „Труд и право": ЕПИ.

38. *Стайков, И.* Институтът на clausula rebus sic stantibus в действащото българско търговско право. – Съвременно право, 1998, № 1

39. *Сталев, Ж., А. Мингова, В. Попова, Р. Иванова.* Българско гражданско процесуално право. С.: Сиела, 2004

40. *Сталев, Ж.* Сила на пресъдено нещо в гражданския процес, С.: Сиела, 2007

41. *Стефанов, Г.* Търговска несъстоятелност, В. Търново: Абагар, 2009

42. *Стойчев, К.* Измененията на договорните задължения поради промяна в обстоятелствата: исторически и сравнителноправен анализ на възгледа. – Правна мисъл, 1997, № 2

43. *Таджер, В.* Гражданско право на НРБ. Обща част, дял II. С., 1973

44. *Таков, К.* Абстрактните сделки в светлината на понятията за абстрактност и каузалитет. – Във: Юбилеен сборник по повод 100-годишнината на проф. Иван Апостолов, 2001

45. Таков, К. Доброволно представителство. С., „Сиби", 2006

46. *Таков, К.* Предварителни договори – някои неизяснени аспекти. – Търговско право, 2004, № 1

47. *Тасев, С. М. Марков.* Гражданско право – обща част. Modus Studendi. С., „Сиби", 2007

48. *Ташев, Р.* Обща теория на правото. С.: Сиби, 2005

49. *Ташев, Р.* Теория на тълкуването. С.: Сиби, 2007

50. *Тончев, Д.* Коментар върху Закона за задълженията и договорите. Том V. С.: Книжарницата Ц. Н. Чолаков, 1930

51. Закон за задълженията и договорите. Поредица джобни издания. Съст., прев. и анот. *К. Таков*, 7. изд., С: Сиби, 2010

52. *Хорозов, Г.* Основания за нищожност на сделките по чл. 26, ал. 2 ЗЗД. – сп. „Пазар и право", 2003 г., № 4

53. *Цончев, Кр.* Насилие и заплашване. Нищожност и унищожаемост. – сп. „Социалистическо право", 1974 г., № 10

54. *Beale, H., A. Hartkamp, H. Kötz, D. Tallon* (Eds.). Cases, Materials and Text on Contract Law. Oxford and Portland: Hart Publishing, 2002

55. *Beatson, J., D. Friedmann.* Good faith and fault in contract law. New York: Oxford University Press, 1997

56. *Berger, A.* Encyclopedic Dictionary of Roman Law. Philadelphia: The American Philosophical Society, 1991

57. *Bineva, V.* Change of Circumstances. In: Antoniolli, L., F. Fiorentini (Eds.). A Factual Assessment

of the Draft Common Frame of Reference. Munich: Sellier. European law publishers, 2011

58. *Brunner, Ch.* Force Majeure and Hardship under General Contract Principles: Exemption for Non-performance in International Arbitration. Netherlands: Kluwer Law International, 2009

59. *Crowe, M. B.* The Changing Profile of the Natural Law. Great Britain: Springer, 1977

60. *Hartkamp, A., E. Hondius.* Towards a European civil code. Nijmegen: Kluwer Law International, 2004

61. *Hesselink, M., G.J.P. de Vries.* Principles of European Contract Law.: Kluwer, 2001

62. *Lenaerts, K., P.V. Nuffel.* European Union Law, London: Sweet & Maxwell, 2011

63. *MacQueen, H., A. Vaquer, S. Espiau* (Eds.). Regional private laws and codification in Europe. Cambridge: Cambridge University Press, 2003

64. *McKendrick, E.* Contract Law – Text, Cases, and Materials. New York: Oxford University Press, 2008

65. *Narang, P.* Encyclopaedic Dictionary of Business Organization. V. I. New Delhi: Sarup & Sons, 1999

66. *Palandt, O.* Bürgerliches Gesetzbuch, Bd. 7, 65. Aufl., München: C.H.Beck, 2006

67. *Rosen, R.* (Ed.) Settlement Agreements in Commercial Disputes: Negotiating, Drafting & Enforcement. USA: Aspen Publishers, 2006

68. *Schermaier, M.* Mistake, Misrepresentation and Precontractual Duties to Inform: The Civil Law Tradition. In: Sefton-Green, R. Mistake, Fraud and Duties to Inform in European Contract Law. Cambridge: Cambridge University Press, 2005

69. *von Bar, Ch., E. Clive, H. Schulte-Nölke, H. Beale, J. Herre, J. Huet, M. Storme, S. Swann, P. Varul, A. Veneziano, F. Zoll* (Eds.). Principles, Definitions and Model Rules of European Private Law: Draft Common Frame of Reference (DCFR). Outline Edition. Munich: Sellier. European law publishers, 2009

70. *Zimmermann, R.* Roman law, contemporary law, European law: the civilian tradition today. New York: Oxford University Press, 2001

71. *Zimmermann, R.* The law of obligations: Roman foundations of the civilian tradition. New York: Oxford University Press, 1996

www.ingramcontent.com/pod-product-compliance
Lightning Source LLC
Chambersburg PA
CBHW051651170526
45167CB00001B/425